AF216806

Dr. Stefan Larisch

Körper, Geist und Seele
– was die Bibel wirklich sagt

© 2026 Dr. Stefan Larisch
Umschlag: Saskia Larisch
Mitwirkender: Andreas Buchholz

Druck und Distribution im Auftrag des Autors:
tredition GmbH
Heinz-Beusen-Stieg 5, 22926 Ahrensburg, Deutschland

Das Werk, einschließlich seiner Teile, ist urheberrechtlich geschützt. Für die Inhalte ist der Autor verantwortlich. Jede Verwertung ist ohne seine Zustimmung unzulässig. Die Publikation und Verbreitung erfolgen im Auftrag des Autors, zu erreichen unter:

tredition GmbH, Abteilung "Impressumservice"
Heinz-Beusen-Stieg 5, 22926 Ahrensburg, Deutschland.

Kontaktadresse nach EU-Produktsicherheits-verordnung: impressumservice@tredition.com

ISBN 978-3-384-56411-5

Über die Natur des Menschen – also über sich selbst – sollte eigentlich jede Person ein Bild haben. Dieses Buch richtet sich an alle, die die Bibel als eine ernstzunehmende Botschaft anerkennen. Der Autor sieht die Bibel als von Gott inspirierte Schrift – Gottes Wort an die Menschen. Christen sollten ein Verständnis davon haben, wie Gott den Menschen geschaffen hat, ob es eine Seele „gibt" und was nach dem Tod passiert. Ziel dieses Buches ist es, anhand von Bibelstellen zu zeigen, dass Gott als unser Schöpfer uns mit diesen Fragen nicht allein lässt und sie uns in seinem Wort erklärt.

Inhaltsverzeichnis

Einleitung

Bei der Frage, was den Menschen ausmacht und woraus er besteht, gibt es eine Vielfalt von Meinungen, Vorstellungen und Behauptungen. Dass der Mensch einen materiellen Körper hat, dürfte einer der wenigen Punkte sein, über den noch weitgehende Einigkeit besteht. Aber weshalb kann der Mensch denken, fühlen und entscheiden?

Die unvermeidliche Schlussfolgerung einer zufälligen und ungesteuerten Entstehung des Menschen wäre, dass der Körper für sich allein genommen denken kann. In unserer von der Evolutionstheorie geprägten Gesellschaft wird „naturwissenschaftlich" geradezu vermieden, dem Menschen einen abgrenzbaren immateriellen – also geistigen – Bestandteil zuzugestehen. Für das „Denken" bleibt somit das Gehirn als das dafür noch am besten geeignet scheinende Organ allein zuständig, es werden dann gerne seine Einzelteile wie der Vorderlappen oder die Hirnrinde besonders hervorgehoben. Aber der genaue Ablauf des Denkens – dass also ein Gedanke als autonomer elektrischer Impuls im Gehirn beginnt – lässt sich naturwissenschaftlich gerade nicht beweisen.[1]

---

1 Siehe z. B. Eccles, John C.: Wie das Selbst sein Gehirn steuert, 3. Aufl. Piper (2000), S. 261.

Auf der anderen Seite gibt es eine Unzahl von Ansätzen, die versuchen, den Menschen „spirituell" zu erklären, in denen dann Begriffe wie Geist, Seele oder auch Wiedergeburt oder sogar ein Weiterleben nach dem Tod eine Rolle spielen. Als ein eher harmloses Beispiel sei ein Sprichwort zitiert: „Essen und Trinken hält Leib und Seele zusammen!". Besitzt der Mensch tatsächlich eine Seele? Falls ja, wie lassen sich dann die Begriffe Geist und Seele klar und widerspruchsfrei voneinander unterscheiden?

Anliegen dieser Zeilen ist es, die Begriffe Körper, Geist und Seele anhand der Bibel zu erklären und einzuordnen. Bedauerlicherweise herrscht auch in der christlich geprägten Literatur keineswegs eine belastbare Einigkeit über die Natur des Menschen. Deshalb wird hier ein einfacher Ansatz verfolgt: Alle tragenden Aussagen zu Körper, Geist und Seele des Menschen werden mit Textstellen aus der Bibel unterlegt. Soweit nicht anders angegeben wird dabei der Text der Stuttgarter Jubiläumsbibel 1912 (Luther-Übersetzung) als eine der anerkannt besten deutschen Übersetzungen herangezogen.

Anders als vom Autor zunächst beabsichtigt, ist an einigen Punkten auch ein kurzer Blick auf den hebräischen oder griechischen Grundtext nötig und hilfreich. Dies erfolgt – auch um kritischen Lesern eine Nachverfolgung der Argumente zu ermöglichen – auf Basis der Elberfelder Übersetzung auf csv-bibel.de, eine wunderbare Möglichkeit, sich intensiv mit Gottes Wort zu beschäftigen.

Um es schon an dieser Stelle vorwegzunehmen: Sucht man offen und ehrlichen Herzens, gibt die Bibel immer eine Antwort. Das trifft ganz besonders auf die menschliche Natur, d. h. den Aufbau des Menschen zu, der in der Bibel mehrmals eingängig und nachvollziehbar beschrieben wird. An mehreren hundert Stellen spricht die Bibel über den Körper und den Geist des Menschen. Zusammen mit dem Begriff der (lebendigen) Seele lässt sich die Natur des Menschen sowohl vor als auch nach seinem Tod in ein schlüssiges Gesamtbild ohne unerklärliche Widersprüche einordnen.

1. Die Erschaffung des Menschen

Die Bibel berichtet zweifach über die Erschaffung von Himmel und dieser Erde. *Die* Himmel – wegen der Pluralform im hebräischen Grundtext ist von einer Mehrzahl auszugehen – und die Erde entstehen für sich am Anfang durch Gottes Schöpferkraft, nähere Einzelheiten dazu werden nicht berichtet. Die weiteren Aussagen konzentrieren sich darauf, wie Gott auf diesem Planeten „Erde", der ausgangs völlig wüst und leer war, schrittweise eine wunderbare Lebensfülle und Vielfalt allein durch sein Wort hervortreten lässt.[2]

---

2 Der erste Schöpfungsbericht am Beginn der Bibel betont die Schöpfung in verschiedenen Schritten innerhalb einer buchstäblichen Woche, mit dem siebenten Tag als von Gott geheiligter Ruhetag für alle Menschen. Dabei ist dieser siebente Tag nicht der Sonntag, sondern der Samstag, gut erkennbar am „Mittwoch" im deutschen Sprachraum. Diesen siebenten Tag als Ruhetag besonders zu halten wird dann – einige tausend Jahre später – ein Punkt in den 10 Geboten. Die Juden feiern ihn als „Sabbat" bis heute, aber leider halten nur wenige christliche Kirchen am richtigen Ruhetag fest, obwohl dieser schon im Paradies von Gott für alle Menschen bestimmt wurde.

Gott erschuf den Menschen, Mann und Frau, als krönenden Abschluss seiner Schöpfung: *Und Gott sprach: Lasset uns Menschen machen, ein Bild, das uns gleich sei, die da herrschen über die Fische im Meer und über die Vögel unter dem Himmel und über das Vieh und über die ganze Erde und über alles Gewürm, das auf Erden kriecht.* (1. Mose 1,26).

Die Mehrzahl „Lasset uns" bezieht sich auf den für Menschen unbegreiflichen Gott in seiner Gesamtheit – aus der Schrift wissen wir von Gott dem Vater, von Gott dem Sohn (Christus) und vom Heiligen Geist. Die Rolle von Christus wird dabei in Kolosser 1,16-17 betont: *Denn durch ihn ist alles geschaffen, was im Himmel und auf Erden ist, das Sichtbare und Unsichtbare, es seien Throne oder Herrschaften oder Fürstentümer oder Obrigkeiten; es ist alles durch ihn und zu ihm geschaffen. Und er ist vor allem, und es besteht alles in ihm.*

Keineswegs sagt die Bibel, dass etwa die Engel bei der Schöpfung des Menschen unterstützen oder mithelfen konnten. Gott allein ist der Schöpfer. Er ausschließlich ist der Ursprung und die Quelle allen Lebens – und seine Geschöpfe sind Ergebnis, sie sind damit seine Wirkung. Der Unterschied zwischen Schöpfer und Geschöpf ist unaufhebbar, ein Geschöpf kann niemals „sein wie Gott".

Gleichwohl erschafft Gott den Menschen nach seinem eigenen Bilde, dieser ist ihm ähnlich. Diese Aussage gilt ausschließlich für den Menschen, der gegenüber den Tieren besonders ausgeprägte

Fähigkeiten erhält. Um die Natur des Menschen zu beschreiben, ist es also wichtig zu beachten, was die Bibel uns über Gott erkennen lässt. Jesus spricht darüber in Johannes 4,24: *Gott ist Geist, und die ihn anbeten, die müssen ihn im Geist und in der Wahrheit anbeten.* Es geht demnach um die persönliche Beziehung des Menschen zu Gott auf der geistigen Ebene. Wenn nun Gott selbst Geist ist und der Mensch nach seinem Bilde geschaffen ist, muss es eine Ebene außerhalb des körperlich Sichtbaren geben, auf der diese Beziehung stattfindet.

Weil wir Menschen der Sünde verfallen sind, können wir Gott in unserem falschen Zustand (ein faktisch totes Leben) körperlich nicht direkt begegnen, zumal wir bereits beim Anblick seiner überwältigenden Herrlichkeit sofort sterben würden: … *Mein Angesicht kannst du nicht sehen; denn kein Mensch wird leben, der mich sieht.* (2. Mose 33,20). Damit kann die Beziehung von Seiten des irdischen Menschen zu Gott nur geistiger Natur sein.

Der Mensch erhält in Gottes Schöpfung der Erde die oberste Position, er soll gemäß 1. Mose 1,28 über die Erde „herrschen": *Und Gott segnete sie und sprach zu ihnen: Seid fruchtbar und mehret euch und füllet die Erde und machet sie euch untertan und herrschet über die Fische im Meer und über die Vögel unter dem Himmel und über alles Getier, das auf Erden kriecht.* Dieses Herrschen im Auftrag Gottes hat aber nichts mit der heutigen Ausbeutung der Natur, verbunden mit Tierquälerei, Verwüstung und Vergiftung der Erde zu tun, sondern es geht um die auf den Menschen übertragene Verantwortung für das Versorgen und Bewahren einer in sich vollkommen harmonischen Schöpfung: *Und Gott sah an alles, was er gemacht hatte; und siehe da, es war sehr gut. ...* (1. Mose 1,31).

Die heutige Erde ist zwar an vielen Stellen immer noch beeindruckend schön und zeugt, für alle Menschen erlebbar, von der Existenz eines Schöpfers. Die Schöpfung richtet sich laut Römer 1,20 als Gottes Offenbarung an jeden Menschen: *damit daß Gottes unsichtbares Wesen, das ist seine ewige Kraft und Gottheit, wird ersehen, so man des wahrnimmt, an den Werken, nämlich an der Schöpfung der Welt; also daß sie keine Entschuldigung haben,.* Von ihrer harmonischen Perfektion vor dem Sündenfall[3] und von ihrer schon etwas eingeschränkten Pracht vor der Sintflut ist die Erde inzwischen aber weit entfernt.

Der zweite biblische Bericht über die Schöpfung schließt sich beginnend ab 1. Mose 2,4 unmittelbar an den ersten Überblick über die Schöpfungswoche an und gibt uns eine für die Natur des Menschen entscheidende Aussage: *Und Gott der HERR machte den Menschen aus einem Erdenkloß, und er blies ihm ein den lebendigen Odem in seine Nase. Und also ward der Mensch eine lebendige Seele.* (1. Mose 2,7).

---

3 Vor dem Sündenfall haben – beispielhaft – weder Schlupfwespen ihre Eier in Raupenkörper gelegt noch Löwen andere Tiere zerrissen und gefressen.

Beschrieben wird hier die Erschaffung Adams, des ersten Menschen. Der Name Adam bezieht sich auf *adamah* für Erde oder Erdboden und betont die bestehende Bindung, aber gleichzeitig auch die Bedeutung Adams für die Erde.

Adam bekommt sein Leben persönlich und buchstäblich vom Schöpfergott eingehaucht. Er ist der erste Mensch, aber er ist zunächst allein. Als er im Auftrag Gottes die Tiere benennt, wird ihm deutlich, dass ihm eine Gefährtin fehlt. Bei der Erschaffung des zweiten Menschen geht Gott grundlegend anders vor als bei Adam. Er entnimmt ein Stück Fleisch aus dem schlafenden Adam und formt daraus Eva: *Und Gott der HERR baute ein Weib aus der Rippe, die er von dem Menschen nahm und brachte sie zu ihm.* (1. Mose 2,22).

Damit stammt Eva aus Adam, sie hat kein „eigenes", also ein von Adam unabhängiges Leben von Gott erhalten. Das bedeutet, alle Menschen entstammen als Nachkommen Adam und Evas aus nur einem einzigen Leben[4]: *Und er hat gemacht, daß von einem Blut aller Menschen Geschlechter auf dem*

---

4 Der gemeinsame Ursprung aller Menschen hat Bedeutung auch im Erlösungsplan. Das eine neue Leben Jesu, geschaffen durch seine Auferstehung, kann von allen Menschen im Glauben angenommen werden, wenn sie ihr altes Leben – das auf Adam zurückgeht – aufgeben.

ganzen Erdboden wohnen, und hat Ziel gesetzt und vorgesehen, wie lange und wie weit sie wohnen sollen; (Apostelgeschichte 17,26).

Der Mensch wird von Gott herausgebildet aus zwei Bestandteilen. Zum einen aus ein wenig Erde, in anderen Bibelstellen auch als Staub und Lehm bezeichnet. Erde, Lehm oder Staub sind an sich nichts Besonderes und kommen häufig vor. Aus der Naturwissenschaft wissen wir, dass sich Materie aus chemischen Elementen und letztlich Atomen zusammensetzt. Alle Materie unterliegt festen Naturgesetzen, die die Ordnung in der Schöpfung sicherstellen. Diese Naturgesetze hat Gott in seiner Schöpfung gesetzt. Er ist nicht an sie gebunden, jedoch dienen die Naturgesetze seinen Zwecken.

Gott formt den Körper also aus herkömmlicher Erde, mit allen seinen Organen, Nerven und Adern. Dies ist für sich genommen schon ein wunderbarer Vorgang, man denke nur an die Komplexität von Organen wie Auge und Ohr. Anders als es die Verfechter einer schrittweisen Entwicklung des Menschen vertreten, zeigt allein der „mechanische" Aufbau des Menschen einige Strukturen, die sich in ihrer Funktionalität einer stufenweisen Heraus-bildung entziehen, weshalb sie nur in einem Schritt konzipiert und entstanden sein können.

Ein menschlicher Körper aus Erde, selbst wenn von Gott persönlich perfekt geformt, bleibt dennoch nur ein lebloser Kloß aus Materie. Es muss noch etwas hinzukommen, damit ein Mensch = Adam entsteht. Die Bibel sagt klar: Wenn der Körper leben soll, braucht er den Odem des Lebens, auch als Lebenshauch bezeichnet.

Aus diesem Lebenshauch, den nur Gott allein geben kann, wird dann im bzw. am Körper Adams etwas, ohne das nichts im Körper funktionieren könnte und das sich auch als Leben an sich bezeichnen lässt. Die Bibel verwendet dafür die Begriffe Odem, Geist und (Lebens-)Hauch, welche hier zu betrachten sind. Wegen 1. Mose 2,7 steht aber ohne Zweifel fest: Der geschaffene Mensch, bestehend aus Körper sowie Hauch/Odem/Geist, ist eine lebendige Seele.

Die Seele ist also kein eigener Bestandteil des Menschen, sondern sie bezeichnet den ganzen Menschen als ein lebendiges Wesen bzw. eine Person, worauf später noch ausführlich zurückzukommen sein wird.

2. Lebenshauch und Geist – gibt es einen Unterschied?

U m das Verhältnis von (Lebens-)Hauch, Odem und Geist besser zu verstehen, ist ein Blick in den biblischen Grundtext hilfreich. Das im 1. Mose 2,7 verwendete hebräische Wort *n'schamah* wird als Odem, Hauch oder Geist übersetzt.[5] Es kommt 24mal im Alten Testament vor und damit weitaus weniger als *ruach*, welches ebenfalls für Odem, Geist oder auch Hauch bzw. Wind steht.

Ruach findet sich ganze 379mal im Alten Testament, oftmals geht es dabei allerdings nicht um den Geist/Odem des Menschen, sondern um Gottes Geist und sein Wirken. Sowohl *n'schamah* als auch *ruach* können sich aber auch auf den Menschen beziehen. Beide Begriffe stehen also nebeneinander und die Frage ist, ob sie unterschiedliche Elemente beschreiben.

Verschiedene Stellen im Buch Hiob ziehen eine Verbindung zwischen dem Lebenshauch und dem Wirken eines Geistes am und im Menschen: *Aber der Geist (ruach) ist es in den Leuten und der Odem (n'schamah) des Allmächtigen, der sie verständig macht.*

---

5 In 1. Mose 2,7 geht es ausdrücklich um den Odem des Lebens/den Lebenshauch, der ausschließlich von Gott ausgeht, dort bezeichnet als *n'schamah* + *chai* (Leben/lebendig).

(Hiob 32,8). Hier geht es offensichtlich um ein Grundprinzip: Ohne eine von Gott gegebene geistige Komponente könnte der Mensch nicht denken, sich nicht entscheiden und nichts wollen.

Die nicht nur vorübergehende, sondern dauerhaft bestehende Abhängigkeit des menschlichen Lebens von Gott beschreibt Hiob 34,14-15: *So er nur an sich dächte, seinen Geist (ruach) und Odem (n'schamah) an sich zöge, so würde alles Fleisch miteinander vergehen, und der Mensch würde wieder zu Staub werden.* Ohne ein eigenes geistiges Element kann demnach der Mensch nicht leben. In Hiob 27,3 bezieht sich Hiob auf sein eigenes Leben: *solange mein Odem (n'schamah) in mir ist und der Hauch (ruach) von Gott in meiner Nase ist:* Diese Stelle belegt, dass *n'schamah* auch für das bereits im Menschen befindliche geistige Element stehen kann, also nicht ausschließlich als Bezeichnung für Gottes Geist bzw. für den Lebenshauch Gottes gebraucht wird.

Eine gleichgerichtete Aussage trifft die Bibel über den Sohn der Witwe, den Elia wieder zum Leben erweckt, in 1. Könige 17,17: *Und nach diesen Geschichten ward des Weibes, seiner Hauswirtin, Sohn krank, und seine Krankheit war so sehr hart, daß kein Odem (n'schamah) mehr in ihm blieb.* Der Odem – wie schon in Hiob 27,3 hier abermals nicht mit *ruach* bezeichnet – hat den Jungen verlassen, er ist also gestorben. Sobald der Lebenshauch Gottes nicht mehr wirkt und kein Odem mehr in ihm ist, stirbt der Mensch.

Schließlich wird der Hauch bzw. der Odem von Salomo in Sprüche 20,27 in einem eindeutigen Bild als Geist des Menschen bezeichnet: *Eine Leuchte des HERRN ist des Menschen Geist (n'schamah); die geht durch alle Kammern des Leibes.* In diesem Vers erscheint „Geist" als die zwingend richtige Übersetzung, denn ein Hauch in Gestalt eines körperlichen Atems kann nicht zu einer den ganzen Menschen berührenden Erkenntnis führen. Der Lebenshauch Gottes steuert und prägt also als Geist des Menschen sämtliche Teile des Körpers. Gelangt der Mensch zu wahrer Erkenntnis über Gott und über sich und wird sich dessen bewusst, geschieht dies über den menschlichen Geist zur Ehre Gottes.

Schauen wir auf die Texte, stehen demnach Lebenshauch, Odem und Geist in engem Zusammenhang. Das Leben geben kann allein Gott, sein Mittel bei Adam – und indirekt bei Eva und damit bei allen Menschen – ist der „Lebenshauch". Kommt der von Gott ausgehende Lebenshauch mit dem aus Erde geformten Körper zusammen, beginnt das Leben, denn der Lebenshauch Gottes bewirkt, dass ein Geist des Menschen entsteht und zu wirken beginnt, denn nur so – mit Körper und mit eigenem Geist – kann dieser leben.

Dieser Vorgang ist Teil des Schöpfungsaktes und wirkt bis heute fort. Lässt sich die Entstehung des menschlichen Geistes aus dem Lebenshauch Gottes auch buchstäblich aus der Bibel ableiten? Ja, nämlich aus einer traurigen Textstelle, in der die

Folgen der Sintflut als Zerstörung großer Teile der Schöpfung Gottes beschrieben werden. Ausnahmsweise wird hier 1. Mose 7,21-22 nach der Elberfelder Übersetzung zitiert: *Da verschied alles Fleisch, das sich auf der Erde regte, an Vögeln und an Vieh und an Tieren und an allem Gewimmel, das auf der Erde wimmelte, und alle Menschen; alles starb, in dessen Nase ein Odem (ruach) von Lebenshauch (n'schamah chai) war, von allem, was auf dem Trockenen war.*

Entgegengesetzt zum Schöpfungsakt verlässt der Odem die Geschöpfe, als sie in der Sintflut sterben. Ihr Odem, also ihr Geist, war herausgebildet aus dem Lebenshauch Gottes, der Quelle für jeden Geist aller seiner irdischen Geschöpfe. Dieses Prinzip gilt dabei nicht allein für den Menschen, sondern gleichfalls für die Tiere, auch wenn diese nicht zum Bilde Gottes geschaffen wurden und in ihren geistigen Fähigkeiten nicht an den Menschen heranreichen.

Weil der Lebenshauch von Gott kommt (der ja selbst Geist ist, wie wir in Johannes 4,24 gesehen haben) unterliegt dieser Lebenshauch – und folglich auch der daraus/davon hervorgehende Geist – nicht den uns vertrauten Naturgesetzen der Materie. Das ist ein entscheidender Unterschied zum Körper, der von der Erde genommen ist. Deshalb ist der Geist des Menschen selbst physikalisch nicht nachweisbar, sehr wohl aber seine Wirkung. So besteht in der Wissenschaft Einigkeit darüber, dass die (messbaren) Gehirnströme ausgehend von der

Hirnrinde ohne Ausnahme sämtliche Prozesse im Körper steuern. Aber gleichzeitig bleibt unerklärlich, wieso überhaupt derartige Stromimpulse in komplexen und zugleich sinnvollen Mustern in den Zellen der Hirnrinde ausgelöst werden können.

Immer dann, wenn es um physikalisch messbare Effekte geht, hat der Geist entweder seine Tätigkeit schon vorgenommen oder der Geist wird auf nachweisbare Signale des Körpers (die Stromimpulse fließen auch wieder zurück in die Hirnrinde) unmittelbar anschließend reagieren. Die sichtbare Materie einschließlich der physikalisch erklärbaren Elektrizität zeigt uns die Wirkung eines Geistes und sein Zusammenspiel mit dem Körper, aber nie den immateriellen Geist des Menschen selbst.

Aus der Begrifflichkeit „Lebenshauch" wird mitunter die (falsche) Schlussfolgerung gezogen, Gott hätte dem Menschen physischen Atem eingehaucht und ihn so ins Leben gerufen. Der Atem des Menschen sei der klare Beweis bzw. der eigentliche Beginn des Lebens. Dies steht aber weder in der Bibel, noch ist es richtig. Wenn der Atem an sich das untrügliche Zeichen für Leben wäre, stellt sich sofort die Frage, ob und ab wann der Fötus im Bauch seiner Mutter lebt? Der Fötus atmet zwar nicht, aber er reagiert auf viele Reize und kann ab einem bestimmten Entwicklungsstand unzweifelhaft schon selbst denken. Würde man nun die nicht-biblische Gleichsetzung „Atmen = Leben" konsequent anwenden, wäre eine Abtreibung selbst kurz vor der Geburt ethisch unproblematisch, solange man den Fötus nicht selber atmen lässt, weil er nach dieser Definition ja nicht „leben" würde. Glücklicherweise sind staatliche Gesetzgeber an diesem Punkt weitsichtiger als manche Menschen, die glauben, sich auf die Bibel berufen zu können. Mit dem Beispiel eines Babys im Bauch der Mutter ist hoffentlich nachvollziehbar, warum „Atmen" und „Leben" nicht identisch sein können. Das Leben des Menschen beginnt nicht mit der Geburt, sondern schon mit der Verschmelzung von Eizelle und Samenzelle. Von Beginn an gibt es dabei auch eine eigenständige geistige Komponente, ebenfalls als hälftiges Erbteil von Mutter und Vater.

Atmen zu können setzt nicht einmal voraus, einen Geist oder Odem zu besitzen, auch wenn diese Merkmale bei Adam als erstem Menschen ausnahmsweise zeitlich zusammenfallen. Atmen ist ein biologischer Prozess, der in sich selbst keine geistige Komponente aufweist. Dies zeigt sich klar bei Pflanzen, die neben der von ihnen betriebenen Photosynthese gleichfalls atmen, wenn auch nicht über Lungen.

Die Bibel sagt aber an keiner Stelle, das Pflanzen einen Odem oder Geist hätten, dieser bleibt Mensch und Tier vorbehalten: *Denn es geht dem Menschen wie dem Vieh: wie dies stirbt, so stirbt er auch, und haben alle einerlei Odem, und der Mensch hat nichts mehr als das Vieh; denn es ist alles eitel. Es fährt alles an einen Ort; es ist alles von Staub gemacht und wird wieder zu Staub.*

Wer weiß, ob der Odem der Menschen aufwärts fahre und der Odem des Viehes unterwärts unter die Erde fahre? (Prediger 3,19-21).

Wenn wir laut Bibel davon ausgehen können, dass Pflanzen keinen Odem erhalten haben, dann ist ein Odem/Geist offenbar nicht unbedingt nötig, um atmen zu können. Gleichzeitig macht diese Stelle nochmals sehr deutlich, dass auch Tiere einschließlich der nicht über die Luft atmenden Fische einen Odem/Geist haben, der sich in seinem Wirkprinzip nicht vom Geist des Menschen unterscheidet. Selbstverständlich sind die geistigen Fähigkeiten und Bedürfnisse des Menschen umfassender als diejenigen der Tiere, aber auch die Körper von Tieren werden durch ihren Geist gesteuert.

Fassen wir die biblischen Aussagen zur Entstehung des Menschen zusammen, dann sollten wir dabei seine Bestandteile vor und nach der Schöpfung betrachten und unterscheiden. „Erde" ist die uns bekannte Materie, die Gott für den Körper verwendet. Der menschliche Körper bleibt als solcher weiter Materie. Deshalb unterliegt der Körper allen Naturgesetzen, er benötigt Energie. Der Körper kann mechanisch zerstört oder vergiftet werden und ist in seinen Funktionen temperaturabhängig.

Die Erde wandelt sich als menschlicher (oder tierischer) Körper nicht um in etwas Über-Materielles, sie wird auch nicht zu „belebter Materie" oder bekommt auf wundersame Weise eigenständige geistige Fähigkeiten wie Denken, Fühlen und

Entscheidungsvermögen. Dies ist für „Erde" naturgesetzlich ausgeschlossen und Gott hält sich an die von ihm selbst gesetzte Ordnung.

Erst ein Lebenshauch, ausgehend von Gott, belebt den bis dahin toten Körper Adams. Im bzw. am Körper wird der Lebenshauch zum Geist des Menschen. Vieles spricht dafür, dass der menschliche Geist an der Hirnrinde als Schaltzentrale aller Funktionen des Menschen seinen Sitz hat, dafür gibt es allerdings keine direkte biblische Aussage. Weder Gottes Lebenshauch noch der daraus hervorgehende Geist des Menschen bestehen aus Materie, deshalb greifen die Naturgesetze für Materie an dieser Stelle nicht.

Erst im Zusammenspiel von Geist und Körper zeigt sich bei Menschen und Tieren das Leben. Über Pflanzen wissen wir, dass sie auf äußere Reize wie etwa Sonnenlicht reagieren (müssen), einen aktiven Stoffwechsel aufweisen und insoweit „leben". Dabei hat die Pflanze keine Wahl, sie muss z. B. immer hin zum Licht wachsen. Im Gegensatz zur Pflanze, die keinen eigenen Geist besitzt, kann der Mensch nicht nur reagieren, sondern auch positiv oder negativ entscheiden, d. h. er hat ein eigenes „Nein". Der Mensch besitzt vielfältige geistige Fähigkeiten und umfassende geistige Bedürfnisse (wie Freiheit, Harmonie und Neugier) – und er steht in einer geistigen Abhängigkeit zu Gott. Deshalb kennt Gott uns bis ins Innerste: *Und ich kenne ihre Werke und Gedanken. …* (Jesaja 66,18).

Die Bestandteile des Menschen vor und die Natur des Menschen nach der Schöpfung lassen sich in einem Schema zusammenfassen:

vor der Schöpfung	Schöpfungsakt	lebendiger Mensch (Körper + Geist = lebendige Seele)
Erde (gewöhnliche Materie, unterliegt Naturgesetzen)		Körper (vom Geist belebte und gesteuerte Materie, unterliegt weiter Naturgesetzen) +
Lebenshauch (bei Gott)		Geist (immateriell, Wirkung erkennbar, aber selbst nicht physikalisch messbar)

Der Geist eines Menschen ist also die persönliche Ausprägung des ihm von Gott gegebenen Lebenshauches/Odem/Atem des Lebens, der ihm das Denken, Fühlen und Entscheiden usw. überhaupt erst ermöglicht.

Wie schon erwähnt, lässt sich dieses Prinzip ebenso auf alle Tiere anwenden. Tiere bestehen ebenfalls aus Geist und Körper (nach 1. Mose 2,19 sind auch die Körper der Landtiere und der Vögel von der Erde genommen), gleichwohl sie im Gegensatz zum Menschen nicht zu Gottes Bilde geschaffen wurden. So betrifft die Ankündigung der Sintflut Mensch und Tier gleichermaßen: *Denn siehe, ich will eine Sintflut mit Wasser kommen lassen auf Erden, zu verderben alles Fleisch, darin ein lebendiger Odem (ruach chai) ist, unter dem Himmel. Alles, was auf Erden ist, soll untergehen.* (1. Mose 6,17)

Die Bibel sagt damit deutlich, dass auch Tiere einen Lebenshauch von Gott erhalten haben, es bleibt lediglich offen, auf welche Weise sie diesen von Gott bekamen.

3. Der Geist im Menschen

Das ein Geist im Körper des Menschen wohnen muss, damit er leben kann, schildert die Bibel vergleichbar zum Schöpfungsbericht auch in Hesekiel 37,5: *So spricht der Herr HERR von diesen Gebeinen: Siehe, ich will einen Odem in euch bringen, daß ihr sollt lebendig werden.* Es geht hier um das Gesicht von Hesekiel über Israels Auferstehung, dessen Totengebein eines ganzen großen Heeres wieder zum Leben erweckt wird. Wie beim Schöpfungsbericht wird erst der Körper (wieder)hergestellt, dann wird den Körpern der Odem eingehaucht und erst dadurch werden die Toten wieder lebendig.

Auch wenn der Mensch aus seinem Geist und seinem Körper besteht, bedeutet dies gerade nicht, dass der Mensch in freier Entscheidung über sie verfügen könnte. Eine eindringliche Darstellung der „Eigentumsverhältnisse" von Körper und Geist des Menschen gibt Paulus in 1. Korinther 6,20: *Denn ihr seid teuer erkauft; darum so preiset Gott an eurem Leibe und in eurem Geiste, welche sind Gottes.*

Die meisten Menschen denken zwar: Mein Körper gehört mir und ich kann mit ihm machen, was ich will! Die Bibel sagt aber ganz im Gegenteil, dass unser Körper Gott gehört, weil er uns teuer mit dem Blut Jesu Christi erkauft hat. Und genauso gilt dies für den Geist. Wir haben zwar einen eigenen

Geist, aber auch dieser gehört in Wahrheit Gott. Denn zum einen sind wir Geschöpfe, was bedeutet, dass wir selbst nichts originär herstellen oder neu erzeugen können. Einem Geschöpf kann nicht wirklich etwas „gehören". Und zum zweiten bietet uns Jesus hier und heute auf der Erde ein neues Leben im Geist an (Johannes 3,1-21), also die Erlösung in Gestalt einer geistigen Neugeburt (wörtlich „Geburt von oben"), die jetzt allein durch Glauben möglich wird und bei der Auferstehung real geschieht.

Der Geist des Menschen ist zwar eine eigene, begrifflich fassbare Einheit, aber der menschliche Geist und damit der ganze Mensch ist immer abhängig von Gott. Die entscheidende Rolle Gottes als einzige Quelle des Lebens betont Hiob 33,4: *Der Geist (ruach) Gottes hat mich gemacht, und der Odem (n'schamah) des Allmächtigen hat mir das Leben gegeben.*

Diese Abhängigkeit des Lebens von Gott gilt dabei nicht nur für die Entstehung des Menschen, sie gilt auf Dauer und unabänderlich: *Verbirgst du dein Angesicht, so erschrecken sie; du nimmst weg ihren Odem, so vergehen sie und werden wieder zu Staub. Du lässest aus deinen Odem, so werden sie geschaffen, und du erneuest die Gestalt der Erde.* (Psalm 104,29-30).

Besonders deutlich wird die unaufhebbare Unterscheidung zwischen Schöpfer und Geschöpf in Apostelgeschichte 17,25 in der Beschreibung Gottes: *sein wird auch nicht von Menschenhänden gepflegt, als der jemands bedürfe, so er selber jedermann*

Leben und Odem allenthalben gibt. Eine Alternative zur Existenz als Geschöpf gibt es für uns alle nicht, der Mensch kann nur in Abhängigkeit von Gott leben, ansonsten muss er sterben.

Die entscheidende Rolle des Geistes wird auch im Wirken des Heilands deutlich. In Johannes 6,63 sagt Jesus: *Der Geist ist's, der da lebendig macht; das Fleisch ist nichts nütze. Die Worte, die ich rede, die sind Geist und sind Leben.* Sicherlich geht es an dieser Stelle um die Erlösung durch den Glauben, um die Annahme des neuen Lebens Jesu, die geistige Neugeburt von oben. Das Prinzip von Geist = Leben gilt aber umfassend. So heißt es bei der Auferweckung der Tochter des Jairus durch Jesus in Lukas 8,55: *Und ihr Geist kam wieder, und sie stand alsobald auf. ...*

Ohne einen Geist kann der Mensch nicht leben. Geist und Körper müssen zusammenwirken, denn weder funktioniert der Körper ohne Geist, noch der Geist des Menschen ohne den Körper. Es sind also beide Einheiten nötig, die allein für sich nichts tun können. Allerdings stehen Körper und Geist nicht in einer gleichberechtigten Beziehung nebeneinander, denn der Geist beherrscht die Materie.

Der Geist muss alle Vorgänge im Körper steuern (vielfach erfolgt dies unbewusst und nur in Sekundenbruchteilen), der Körper funktioniert gemäß den Befehlen und Steuerimpulsen, die er vom Geist erhält. Umgekehrt gibt es vielfältige Signale des Körpers an den Geist (z. B. „Hunger"), auf die der Geist in einer Abwägung sofort oder später reagieren kann, aber darin nicht festgelegt ist. Der Körper kann dem Geist nicht befehlen.

Ein eingängiges, wenn auch irdisches Bild für das Zusammenspiel von Körper und Geist bieten ein Klavier (für den Körper) und ein Klavierspieler (für den Geist des Menschen), die nur zusammen Musik erzeugen (also leben) können. Dabei reagiert das Klavier auf die Aktionen des Spielers, das Klavier hat insoweit keinen Gestaltungsspielraum. Das Klavier kann nicht „Nein" sagen, wenn eine seiner Tasten gedrückt wird. Dagegen ist der Spieler frei in der Entscheidung, welche Taste er wann benutzen möchte. Gehen, etwa durch Krankheit, Unfälle oder im Alter körperliche Fähigkeiten verloren, kann man dies im Bild vom Klavier mit defekten Tasten vergleichen, die keine Töne mehr erzeugen, wenn sie angespielt werden.

Geprägt durch das materialistische Menschenbild aus der stoischen / epikureischen Denkschule der alten Griechen und angesichts der umfassenden Verbreitung der Evolutionstheorie bis in das Alltagsleben fällt es vielen Menschen schwer, zu akzeptieren, dass jeder Mensch neben dem Körper auch einen eigenen Geist haben muss. Aber es gibt einfache Fragen, die eine geistige Komponente, die zusammen mit dem Körper agiert, beweisen: Warum ärgere ich mich (etwa über die Aussage einer anderen Person über mich)? Kann eine Zelle oder eine Region im Gehirn tatsächlich „beleidigt" werden?

Warum lache ich (im Zweifel auch über schlechte Witze)? Warum fühle ich mich schlecht nach einem Streit in der Familie? Gibt es etwa ein bestimmtes Gehirnareal, dass Harmonie einfordert? Wieso kann jemand in einen ggf. tödlichen Hungerstreik treten, wenn ein Körper (mit Selbsterhaltungstrieb) die eigentliche Entscheidung trifft? Wir sehen hoffentlich, dass ohne einen Geist viele Verhaltensweisen und Bedürfnisse des Menschen (etwa nach der Zuneigung anderer Personen) unerklärbar blieben.

Auf die übergeordnete Bedeutung geistiger Bedürfnisse weist Jesus hin, als er nach 40 Tagen ohne Essen dem Versucher antwortet: ... *Es steht geschrieben: „Der Mensch lebt nicht vom Brot allein, sondern von einem jeglichen Wort, das durch den Mund Gottes geht."* (Matthäus 4,4). Jesus unterstreicht die ständige geistige Abhängigkeit des Menschen von seinem Schöpfer, der genau und am besten weiß, was dieser benötigt. Das Leben des Menschen besteht aus erheblich mehr als nur aus Essen und Trinken. Die Erfüllung der geistigen Bedürfnisse ist letztlich entscheidend dafür, ob und inwieweit jemand sein Leben als gelungen ansieht.

Warum ist es gemäß der Bibel unzweifelhaft so, dass der Mensch einen eigenen Geist hat? Weil Jesus für uns gestorben ist! Der Mensch kann eigenständig handeln (leider oft falsch), er kann sich entscheiden, etwas zu tun oder zu lassen, er kann bewerten und aus Alternativen auswählen. Das macht ihn zu einer eigenständigen Person, die Gott sich selbst zum Bilde geschaffen hat (1. Mose 1,27).

Ein aus Materie bestehender Körper kann so wunderbar geformt sein wie er will, Materie trifft keine eigenen Entscheidungen – im Gegenteil, sie muss gesteuert werden. Beim Sündenfall sind erst Eva und dann Adam einem Selbstbetrug erlegen, der sie in eine falsche Entscheidung und damit in eine Trennung von Gott geführt hat. Der Mensch ist Gott als Person wichtig, nicht als überkomplexe Marionette, deren Entscheidungen schon im Voraus „genetisch" oder anderweitig festgeschrieben sind, wie es ohne einen eigenen Geist der Fall wäre.

Selbstverständlich ist der Mensch für Gott niemals ein gleichwertiges Gegenüber auf Augenhöhe. Gott gleich sein zu wollen ist Sünde. Aber Gott liebt seine Geschöpfe und sandte seinen Sohn in einen qualvollen Tod, weil dies der einzige Weg war, um uns zu retten. Für einen atmenden Erdenkloß ohne eine eigene geistige Komponente wäre dieser über Jahrtausende bis heute ablaufende Erlösungsplan weder erforderlich noch zweckmäßig gewesen.

Als Psalmist schreibt David: *In deine Hände befehle ich meinen Geist; du hast mich erlöst, HERR, du treuer Gott.* (Psalm 31,6). Hier geht es im Kontext der anderen Verse nicht um seinen unmittelbar bevorstehenden Tod, auch wenn das Leben Davids z. B. durch die Verfolgung von Seiten Sauls mehrfach bedroht war. David ruft Gott um geistigen Beistand an, er bittet ihn, seinen Geist zu lenken und stellt seinen Geist unter die bewahrende Macht der Hand Gottes. Dieses Gebet – naheliegend als eine Bitte um Schutz und zur Bewahrung in der Nacht vor Gott zu legen – wäre sinnlos, wenn der Mensch keinen eigenen Geist und keine eigene Persönlichkeit hätte.

Eine der bekanntesten Stellen in der Bibel ist Psalm 51, ebenfalls geschrieben von David. Er ringt um Buße, Vergebung und Gnade und beschreibt in Vers 12-14 wunderbar die Erlösung des Menschen: *12. Schaffe in mir, Gott, ein reines Herz und gib mir einen neuen, gewissen Geist. 13. Verwirf mich nicht von deinem Angesicht und nimm deinen heiligen Geist nicht von mir. 14. Tröste mich wieder mit deiner Hilfe, und mit einem freudigen Geist rüste mich aus.*

Mit „Herz" meint David natürlich nicht das körperliche Herz, sondern das Innerste im Menschen, die unbewusste Identität, die Gott als HERRN und Schöpfer anerkennen muss. Er bittet um einen „neuen" und „gewissen", also starken und zuversichtlichen Geist, der zudem auch „freudig" ist. Diese Eigenschaften betreffen Davids eigenen, also den menschlichen Geist. Dafür bittet er um den Heiligen Geist, den Geist der Heiligkeit Gottes, der ihn begleiten und in ihm wohnen soll.

Vergebung und Erlösung geschehen in Zusammenarbeit des Heiligen Geistes mit dem menschlichen Geist. Ohne einen menschlichen Geist, der mit dem Körper verbunden ist, hätte der Heilige Geist keinen Ort oder „Raum", in dem er im Menschen wirken könnte. Vers 13 hebt die entscheidende

Rolle des Heiligen Geistes hervor[6], in den Versen vorher und danach geht es damit verbunden um den Geist des Menschen, der sich verändern muss.

Und kurz darauf schreibt David in Vers 19 über den Ausgangspunkt jeder Bekehrung: *Die Opfer, die Gott gefallen, sind ein geängsteter Geist; ein geängstet und zerschlagen Herz wirst du, Gott, nicht verachten.* Jesaja 57,15 bezieht sich ebenso auf den Geist und das Gemüt/den Sinn (Herz) des Menschen: *Denn also spricht der Hohe und Erhabene, der ewiglich wohnt, des Name heilig ist: Der ich in der Höhe und im Heiligtum wohne und bei denen, die zerschlagenen und demütigen Geistes sind, auf daß ich erquicke den Geist der Gedemütigten und das Herz der Zerschlagenen:*

Die Erkenntnis, dass man ein Sünder ist und im Herzen von Grund auf böse, ist erschütternd und zunächst angstmachend. Diese Einsicht steht für den Menschen am Anfang des Wegs zur Erlösung. Jesus stößt niemanden weg, der ehrlichen Sinnes zu ihm kommen möchte. Es steht wohl außer Frage, dass Psalm 51,19 und Jesaja 57,15 nicht über einen Atem oder Windhauch sprechen. Ein „geängsteter Geist" kann sich nur auf einen eigenständigen menschlichen Geist beziehen, denn Gottes Geist lässt sich nicht als verängstigt oder in anderer Weise als schwach bezeichnen.

---

6 Im Alten Testament beziehen sich Psalm 51,13 sowie Jesaja 63,10 auf das Wirken des Heiligen Geistes / des Geistes seiner (Gottes) Heiligkeit.

Das Prinzip der geistigen Erneuerung als Weg der Erlösung durch Jesus Christus wird selbstverständlich mehrfach in der Bibel betont. Auch in Hesekiel 36,26-27 wird das Zusammenwirken von Gottes Geist und dem Geist des Menschen unterstrichen: *Und ich will euch ein neues Herz und einen neuen Geist in euch geben und will das steinerne Herz aus eurem Fleisch wegnehmen und euch ein fleischernes Herz geben; ich will meinen Geist in euch geben und will solche Leute aus euch machen, die in meinen Geboten wandeln und meine Rechte halten und darnach tun.*

Die Verse zeigen die beiden Seiten eines einzigen Prozesses. Gott gibt seinen Geist in uns, damit wir existieren – und er gibt uns auch einen neuen Geist. Dadurch, dass der Heilige Geist in uns, also mit unserem menschlichen Geist, arbeitet und wirkt, werden wir im Glauben verwandelt zu einem neuen Wesen, dass sich seiner Identität und Beziehung zu Gott völlig gewiss ist. Kommt dieser Prozess zur Vollendung, wandelt der geistig erneuerte Mensch im Einklang mit Gottes Geboten. Er hat dann weiterhin einen eigenen Entscheidungsspielraum, aber sein Handeln wird sich völlig freiwillig niemals gegen Gottes Weisungen richten.

Menschen, die sich geistig vollständig ihrer Beziehung zu Gott sicher sind, was auch das tiefste Unterbewusstsein, also das „Herz" mit einschließen muss, gewinnen eine unschätzbar wertvolle Fähigkeit zurück, die Adam und Eva anfangs im Paradies besaßen, aber beim Sündenfall verloren haben. Sie können wirklich f r e i denken, weil sie von nichts und niemand außer von Gott abhängig sind. In Johannes 8,31-32 sagt Jesus: ... *So ihr bleiben werdet an meiner Rede, so seid ihr meine rechten Jünger und werdet die Wahrheit erkennen, und die Wahrheit wird euch frei machen.* Verheißen wird hier eine völlige geistige Freiheit bei gleichzeitig vollständiger Anbindung an Gott. Dadurch würde sich die Gedankenwelt eines jeden Menschen grundlegend zum Guten verändern.

Ängste, Schuldzuweisungen an sich selbst und andere, Hass und negative Emotionen u. v. m. sind Gedanken, die ursprünglich keinen Platz in Gottes Schöpfung hatten. Die allermeisten Menschen sind weit davon entfernt, frei denken zu können. Aber die Bibel fordert uns an vielen Stellen dazu auf, Gott in allem zu gehorchen und ihm völlig zu vertrauen: *Er aber, der Gott des Friedens, heilige euch durch und durch, und euer Geist ganz samt Seele und Leib müsse bewahrt werden unsträflich auf die Zukunft unsers Herrn Jesu Christi.* (1. Thessalonicher 5,23).

Dieser Vers betont die Heiligung, die zuerst eine Sache des Glaubens ist und damit im Geist (im Griechischen als *pneuma* bezeichnet) beginnen muss. Die Erwähnung der Seele unterstreicht die ganzheitliche Wirkung einer geistlichen Veränderung auf das ganze „Leben" = „Seele" des Menschen, abschließend wird dann der Körper genannt, der funktionsgemäß vom Denken und der sonstigen Tätigkeit des Geistes geprägt wird.

Die herausragende Rolle des Geistes betont Paulus auch an anderer Stelle, etwa in der Grußformel in Galater 6,18: *Die Gnade unsers Herrn Jesus Christus sei mit eurem Geist, liebe Brüder! Amen.* und ebenso im 2. Timotheus 4,22: *Der Herr Jesus Christus sei mit deinem Geiste!* ... Es ist offensichtlich, der Apostel spricht unzweifelhaft von einem Geist im Menschen, auf den sich die Gnade Jesu auswirken möge.

Glücklicherweise zeigt die Bibel an vielen Stellen, dass der Mensch – solange er lebt – einen eigenen Geist hat[7], der nicht nur den Körper steuert, sondern über individuelles Denken und das Treffen von Entscheidungen die Person eines jeden Menschen ausmacht.

---

7 So Hiob 12,10: *daß in seiner Hand ist die Seele alles dessen, was da lebt, und der Geist des Fleisches aller Menschen?* und in Betonung der Rolle Gottes als Schöpfer Sacharja 12,1: *Dies ist die Last des Wortes vom HERRN über Israel, spricht der HERR, der den Himmel ausbreitet und die Erde gründet und den Odem des Menschen in ihm macht:*

4. Die Seele – das Leben des Menschen

Wie im Schöpfungsbericht eindeutig dargelegt, bekommt der Mensch beim ersten eigenständigen Atemzug keine Seele eingehaucht, denn er ist als Ganzes die lebendige Seele.

Das hebräische Wort für Seele lautet *nephesch*. Als Wortstamm wird *naphasch* – erholen; erquicken angesehen.[8] Wir erinnern uns, Gott ruhte am 7. Tag der Schöpfung. Ausgehend von der Schöpfungswoche schlägt 2. Mose 31,17 einen Bogen zum Sabbat im 4. Gebot: *Er ist ein ewiges Zeichen zwischen mir und den Kindern Israel. Denn in 6 Tagen machte der HERR Himmel und Erde; aber am 7. Tage ruhte er und erquickte (naphasch) sich.* Seele und damit Leben haben ganz zentral etwas mit Wohlbefinden und Erfüllung zu tun. Gott hat den Menschen als lebendige Seele für eine Aufgabe (die Verwaltung der Erde) geschaffen, die ihn, in enger Beziehung zu Gott stehend, auf Dauer erfüllen und glücklich machen sollte bzw. gemacht hätte.

Wörtlich lässt sich *nephesch* auch mit „Kehle" oder „Hals" (und auch mit „Atem") übersetzen. Psalm 103,1 zeigt, wie nah diese Bedeutung liegen

---

8 Alternativ wird der Wortstamm *naphasch* auch mit „atmen" übersetzt: Was Adventisten glauben, 4. Aufl. Advent-Verlag (1996), S. 123.

kann: *Lobe den HERRN meine Seele, und was in mir ist, seinen heiligen Namen!* Jemand, der Gott mit ganzer Überzeugung loben und preisen möchte, wird dies mit voller Stimme und aus ganzer Kehle tun. Hals und Kehle sind zweifellos wichtige Organe, denn Essen und Trinken und die Luft zum Atmen gehen dort hindurch in den Körper. Es bleibt aber anzumerken, dass laut 1. Mose 2,7 Gott dem Körper des Adam den Lebenshauch nicht in seine Lungen, sondern in dessen Nase (die eine anatomisch enge Verbindung zum Gehirn aufweist) eingehaucht hat. Der erste Atemzug Adams war damit nicht die Ursache, sondern die F o l g e seiner Belebung.

Seele = *nephesch* kommt ganze 751mal im Alten Testament vor sowie als Seele = *psyche* in einer im Griechischen etwas engeren Bedeutung weitere 103mal im Neuen Testament. Es kann in diesem Büchlein nicht auf jede einzelne Stelle eingegangen werden. Eines lässt sich aber nicht deutlich genug betonen: Selbst wenn es in manchen Versen bzw. in manchen Übersetzungen beim ersten Lesen so scheint, kennt die Bibel keine eigenständige oder gar unsterbliche „Seele", die entweder nach dem Tod oder auch schon vor dem Sterben eine eigene Existenz aufnimmt. Die Seele steht für das Leben des Menschen, der wiederum aus Geist und Körper besteht. Die Seele ist auch kein die restliche Persönlichkeit ergänzender (Teil-)Geist, der in irgendeiner Abgrenzung zum Verstand verantwortlich ist für menschliche Gefühle oder die Beziehungen zu

Anderen. Nein, mit „Seele" wird der ganze lebendige Mensch in seiner Gesamtheit angesprochen.

Seele beschreibt den Menschen als einzigartiges Individuum und fungiert als Begriff für die Person als Ganzes. Manchmal ist dies erst auf den zweiten Blick erkennbar: *Alle Arbeit des Menschen ist für seinen Mund; aber doch wird die Seele nicht davon satt.* (Prediger 6,7). Geht es hier um eigene Wünsche und Gelüste einer vom Körper abgrenzbaren Seele? Nein. Angesprochen werden die geistigen Bedürfnisse des Menschen als ganze Persönlichkeit, die durch Essen und Trinken nicht gestillt werden.

Mit der Frage nach dem Lebensglück beschäftigt sich das Gleichnis vom reichen Kornbauern. In Lukas 12,19-20 heißt es: *und will sagen zu meiner Seele: Liebe Seele, du hast einen großen Vorrat auf viele Jahre; habe nun Ruhe, iß, trink und habe guten Mut! Aber Gott sprach zu ihm: Du Narr! diese Nacht wird man deine Seele von dir fordern; und wes wird's sein, das du bereitet hast?* Die „liebe Seele" bezeichnet hier wiederum den ganzen Menschen, zumal es ausdrücklich auch um leibliche Dinge geht. Wenn „die Seele gefordert wird", geht das Leben zu Ende, der Mensch stirbt. Der Kornbauer sorgt sich um weltliche Dinge, nicht um seine Erlösung. Ob er bereits in dieser Nacht oder erst später sterben muss, ist dabei gar nicht entscheidend.

Formulierungen wie „meine Seele", „seine Seele" usw. sind – wie im Falle des Kornbauern – zudem häufig als Umschreibungen für das jeweilige Personalpronomen zu verstehen: *So sage doch, du seist meine Schwester, auf daß mir's wohl gehe um deinetwillen und meine Seele (= ich) am Leben bleibe um deinetwillen.* (1. Mose 12,13). Abram fürchtet in der Fremde um sein nacktes Leben, seine schöne Frau (die zudem seine Halbschwester war), soll ihn retten.

Gleichzeitig ist die Seele keine exklusive Bezeichnung für den Menschen, denn auch Tiere werden als Seele bezeichnet. So heißt es schon vor der Erschaffung des Menschen in 1. Mose 1,24: *Und Gott sprach: Die Erde bringe hervor lebendige Tiere (nephesch), ein jegliches nach seiner Art: Vieh, Gewürm und Tiere auf Erden, ein jegliches nach seiner Art. Und es geschah also.* Tiere werden in der Bibel demnach mit dem gleichen Begriff einer „Seele" bezeichnet.

Dass die „Seele" für den ganzen Menschen und dessen Leben steht, geht deutlich auch aus Hesekiel 18,4 hervor: *Denn siehe, alle Seelen sind mein; des Vaters Seele ist sowohl mein als des Sohnes Seele. Welche Seele sündigt, die soll sterben.* Es geht in diesem Vers um menschliche Väter und Söhne als ganze Personen, die für ihre eigenen Entscheidungen und Taten einstehen müssen, nicht aber für die Fehler ihrer Eltern.

Im Grundtext des Neuen Testamentes steht das griechische Wort *psyche* für Seele, aber vor allem auch für Leben und im Ausnahmefall für Herz (Gefühlswelt). Die Bedeutung „Leben" kommt eindeutig hervor in Matthäus 16,25: *Denn wer sein Leben (psyche) erhalten will, der wird's verlieren; wer aber sein Leben (psyche) verliert um meinetwillen, der wird's finden.* Offensichtlich geht es um das ganze „Leben" an sich, dass sich Menschen nicht selbst bewahren oder suchen können. So erschließt sich der direkt folgende Vers in Matthäus 16,26: *Was hülfe es dem Menschen, so er die ganze Welt gewönne und nähme doch Schaden an seiner Seele (psyche)? Oder was kann der Mensch geben, damit er seine Seele (psyche) wieder löse?* Die durchgängige Verwendung von *psyche* widerlegt eine Interpretation, wonach der Mensch seine „Seele" als eine eigenständige Komponente vor Schaden bewahren oder auslösen soll. Auf dem Spiel steht vielmehr das ganze Leben des Menschen, Vers 26 ist damit kein Widerspruch zum Vers 25, sondern dessen Bekräftigung.

Entgegen dem deutschen Sprachgefühl schließt *psyche* in der Bedeutung von Leben die körperlichen Bedürfnisse ausdrücklich mit ein: *Darum sage ich euch: Sorget nicht für euer Leben (psyche), was ihr essen und trinken werdet, auch nicht für euren Leib, was ihr anziehen werdet. Ist nicht das Leben (psyche) mehr denn die Speise? und der Leib mehr denn die Kleidung?* (Matthäus 6,25). Gleichzeitig stellt diese Aussage aus der Bergpredigt Jesu nochmals klar, dass die geistigen Bedürfnisse „mehr" und damit wichtiger sind als die körperlichen Nöte.

Das Wort Seele steht auch im Neuen Testament für das ganze Leben eines Menschen im Sinne von „Person". In Apostelgeschichte 2,41 wird als Folge der Pfingstpredigt berichtet: *Die nun sein Wort gern annahmen, ließen sich taufen; und wurden hinzugetan an dem Tage bei dreitausend Seelen.* Es wurden also annähernd 3.000 Menschen, die sich bekehrt hatten, getauft und dadurch der Gemeinde angehörig. „Seele" steht hier schlicht für Mensch. Wenn im früheren Sprachgebrauch von einem „200-Seelen-Dorf" die Rede war, dann wohnten dort eben rund 200 Menschen.

Vor diesem Hintergrund erschließt sich auch Matthäus 10,28: *Und fürchtet euch nicht vor denen, die den Leib töten, und die Seele nicht können töten; fürchtet euch aber vielmehr vor dem, der Leib und Seele verderben kann in die Hölle.* Auf den ersten Blick scheint es so, als seien hier Leib und Seele getrennte Einheiten, wobei die Seele beim Tod des Leibes erst einmal weiterlebt. Es geht aber in diesem Vers um die Unterscheidung zwischen weltlichen Mächten, die den Körper = Leib eines Menschen zwar töten können, sein Leben an sich (die Seele) bleibt aber trotzdem immer in Gottes Hand. Wenn nun der Mensch die Erlösung durch Jesus Christus nicht annimmt, muss er gänzlich und endgültig den zweiten Tod sterben. Dazu und zum Begriff einer Hölle (hier mit *geenna* wörtlich zu nehmen) wird später noch ausgeführt.

Auf die Frage nach dem höchsten Gebot antwortet Jesus in Markus 12,30: ... *und du sollst Gott, deinen Herrn, lieben von ganzem Herzen, von ganzer Seele, von ganzem Gemüte und von allen deinen Kräften.* ... Ist hier die Seele nur als eine von drei oder vier

geistigen Komponenten des Menschen mit aufge-
zählt, die eigenständig neben dem Gemüt und dem
Herz steht? Sicherlich nicht, die Aufzählung ist als
Bekräftigung und Wiederholung zu verstehen, Gott
mit allem zu lieben, was das eigene Leben ausmacht. Konsequenterweise sagt deshalb Jesus in
Lukas 14,26: *So jemand zu mir kommt und haßt nicht
seinen Vater, Mutter, Weib, Kinder, Brüder,
Schwestern, auch dazu sein eigen Leben (psyche), der
kann nicht mein Jünger sein.* Wer Jesus nachfolgen
will, muss alles andere hinten anstellen, einschließlich der Familie. An die erste Stelle muss die
zwingend notwendige Umwandlung seines
gesamten bisherigen Lebens rücken, was nur im
Glauben und durch die Hilfe des Heiligen Geistes
möglich ist.

Die Auferweckung des Eutychus (er war bei der
Predigt eingeschlafen und aus dem Fenster
gefallen) durch Paulus wird in Apostelgeschichte
20,10 so geschildert: *Paulus aber ging hinab und legte
sich auf ihn, umfing ihn und sprach: Machet kein
Getümmel; denn seine Seele (psyche) ist in ihm.* Sicherlich, für sich allein stehend könnte der Vers so
verstanden werden, dass eine eigenständige Seele
den Körper des Eutychus (noch) nicht verlassen
hatte. Nimmt man aber „Leben" als die eigentliche
Bedeutung, sagt Paulus nicht mehr und nicht
weniger, als dass man sich nicht aufregen solle,
denn Eutychus lebt.

Die vielleicht schwierigste Bibelstelle zum Begriff der Seele ist Offenbarung 6,9-11: *9. Und da es das fünfte Siegel auftat, sah ich unter dem Altar die Seelen derer, die erwürgt waren um des Wortes Gottes Willen und um des Zeugnisses willen, das sie hatten. 10. Und sie schrieen mit großer Stimme und sprachen: Herr, du Heiliger und Wahrhaftiger, wie lange richtest du nicht und rächest unser Blut an denen, die auf der Erde wohnen? 11. Und ihnen wurde gegeben einem jeglichen ein weißes Kleid, und ward zu ihnen gesagt, daß sie ruhten noch eine kleine Zeit, bis daß vollends dazukämen ihre Mitknechte und Brüder, die auch sollten noch getötet werden gleich wie sie.*

In diesen Versen wird zum ersten ausdrücklich betont, dass Gott allein für die Rache zuständig ist. Besonders – aber nicht nur – wenn Menschen wegen ihres Glaubens an Gott und ihres Eintretens für die Wahrheit getötet werden, steht das geschehene Unrecht Gott dauerhaft klar vor Augen, er muss nicht daran erinnert werden. So sagt Gott in 1. Mose 4,10 schon zu Kain, nachdem dieser den Abel erschlagen hatte: ... *Was hast du getan? Die Stimme des Bluts deines Bruders schreit zu mir von der Erde.* Gott nimmt jedes Unrecht wahr, aber es sind seine Geschöpfe, die versuchen, ihre Schuld möglichst gut vor ihm zu verstecken.

Offenbarung 6,9-11 ist zum zweiten eine Erinnerung und Mahnung an die vielen Menschen, die im Laufe der Jahrtausende ihren Glauben über ihr irdisches Leben gestellt haben. Alle für Gott

gestorbenen Märtyrer werden nach Gottes Plan auferstehen und Gottes Rache sehen, aber erst muss ihr
Lebensweg mit Gott vollendet und ihre Zahl voll
werden. Sie sind alle bei Gott angeschrieben, sie
erhalten besondere Ehrungen und werden gerechtfertigt (dafür steht das weiße Kleid). Er wird nicht
einen von ihnen vergessen oder übersehen.

Die Verse richten sich unmittelbar an die
Menschen der Endzeit, unter denen es ebenfalls
etliche Märtyrer geben wird, die ihr Leben für Gott
noch lassen werden. Der Verweis auf die Märtyrer
früherer Zeiten soll den später lebenden Menschen
Kraft geben, ihr Zeugnis in ihrer Zeit zu erbringen
und ohne Angst auf Gottes Willen hinzuweisen,
auch wenn sie dafür sterben müssen. Sie alle erhalten ein Ehrenkleid und damit Gerechtigkeit, aber
Gottes Langmut mit der Erde ist sehr groß. Deshalb
wird das Gericht noch zurückgehalten, bis die Zahl
der Märtyrer und der durch ihr Zeugnis zu Gott
geführten und in der Folge dessen erlösten
Menschen vollständig wird.

Zum dritten zeigen die Worte in Vers 11 *„daß sie
ruhten noch eine kleine Zeit"* eindeutig auf Menschen,
deren Auferstehung erst bevorsteht. Auch wenn sie
noch im Grab liegen und weiter ruhen, ihr Glaube,
ihr Zeugnis und ihr Leiden und auch ihr Wunsch
nach Gericht stehen bereits vor Gott, der alles in der
Hand hält.

5. Sterben – die Trennung von Körper und Geist

Warum hat Gott den Menschen geschaffen? 1. Mose 1,28 gibt die Antwort: Der Mensch hatte eine Aufgabe, er sollte sich die ganze Erde untertan machen, sie füllen, bebauen und bewahren – auf unbegrenzte Dauer.

Gott hatte den Menschen demnach als dauerhaftes Wesen mit unbegrenzter Lebenszeit erschaffen. Die uns täglich umgebende Endlichkeit des Lebens ist nicht das Konzept Gottes. Ohne Sündenfall hätten Adam und Eva und alle ihre Nachkommen ewig leben können, allerdings gemäß der göttlichen Ordnung stets als von Gott abhängige Wesen. Wenn wir uns also fragen, was nach dem Tod mit dem Menschen passiert, sollte uns zuerst bewusst sein, dass ursprünglich von Gottes Seite das Sterben des Menschen nicht vorgesehen war.

Auf unserer von der Sünde geprägten Erde ist jedoch der Tod allgegenwärtig. Dies war so von Gott nicht gewünscht, gleichwohl er vorhersehen konnte, was der Sündenfall auf der neu erschaffenen Erde (alles war „sehr gut") bei Menschen und Tieren auslösen würde. Im Paradies gab es vor dem Sündenfall keinen Tod. Gott hatte dem Menschen die Früchte und den Tieren die Pflanzen als Speise bestimmt. *Und Gott sprach: Sehet da, ich habe euch gegeben allerlei Kraut, das sich besamt, auf der ganzen*

Erde und allerlei fruchtbare Bäume, die sich besamen, zu eurer Speise, und allem Getier auf Erden und allen Vögeln unter dem Himmel und allem Gewürm, das da lebt auf Erden, daß sie allerlei grünes Kraut essen. Und es geschah also. (1. Mose 1,29-30). Auch ein Wolf war damals also ein Pflanzenfresser und musste keine Rehe jagen und töten.

Mit dem Sündenfall trennte sich der Mensch durch seinen Ungehorsam von Gott. Seitdem ist sein Leben tot. Allein aus Gnade lässt Gott ihn eine begrenzte Zeit weiterleben, zunächst – noch vor der Sintflut – mitunter bis zu mehr als 900 Jahre. Schon das dem Tod vorausgehende Altern der irdischen Geschöpfe ist eine Folge der Sünde, hier erfüllt sich unabänderlich 1. Mose 2,17: *aber von dem Baum der Erkenntnis des Guten und Bösen sollst du nicht essen; denn welches Tages du davon issest, wirst du des Todes sterben.* Der Grundtext spricht dabei nicht von einem sofortigen Tod, sondern von einem „sterbend sterben", eine harte, aber realistische Beschreibung des langsamen Nachlassens der Lebenskräfte.

Bereits vor Eintritt der Sintflut setzt Gott eine deutlich kürzere Spanne für die Lebensdauer des Menschen bis in unsere Zeit. In der wörtlichen Übertragung von 1. Mose 6,3 heiß es: „Mein Geist soll nicht für immer im Menschen walten, weil er ja Fleisch ist; seine Tage sollen nur noch 120 Jahre betragen." (aus der Anmerkung der Stuttgarter Jubiläumsbibel zitiert). Wir wissen heute aus der Genetik, dass auch ohne jede Krankheit die Zellen des Menschen irgendwann nicht mehr in der Lage sind, sich zu teilen und sich damit nicht mehr funktionsgemäß erneuern können – längstens nach ziemlich genau 120 Jahren. Wenn nun Noah selbst und einige seiner Nachkommen in schnell fallender Tendenz noch deutlich mehr als 120 Jahre alt wurden, dann sind dies die letzten Ausnahmen von der Regel. Ab der Sintflut ist die Lebensspanne des Menschen grundsätzlich auf maximal 120 Jahre bemessen.

Was geschieht beim Sterben des Menschen mit seinem Körper und mit seinem Geist? Da der menschliche Körper aus Erde geformt wurde, ist es wenig überraschend, wenn Gott in 1. Mose 3,19 zu Adam sagt: ... *bis daß du wieder zu Erde werdest, davon du genommen bist. Denn du bist Erde und sollst zu Erde werden.* Der Körper wird also wieder zu Erde. Das ist etwas, was wir sehen können und daher nicht „glauben" müssen. Die materiellen Bestandteile unserer Körper sind nicht wirklich etwas Besonderes oder Einzigartiges.

Es sollte uns bewusst sein, dass – selbst bei veganer Ernährung – in unserem Körper auch etliche Atome enthalten sind, die zuvor Bestandteil früherer Körper von Tieren und sehr wahrscheinlich auch von Menschen waren. Das ist aber kein Problem. Materie und damit auch Staub und Erde unterliegen festen Naturgesetzen, sie sind austauschbar und erlangen als einmal oder auch mehrfach „benutzter" Bestandteil von Körpern keine neuen Eigenschaften. Es gibt zudem mehr als genug Erde, Lehm und Staub – soweit Gott etwas davon benötigt – um bei der Auferstehung neue Körper entstehen zu lassen.

Während also für den Körper die Folgen des Todes unschwer erkennbar sind, bestehen über die Auswirkungen des Sterbens für den Geist verschiedenste Meinungen, Ansichten und Glaubensdogmen. Die Bibel gibt jedoch eine eindeutige Antwort auf die Frage nach dem Verbleib des menschlichen Geistes. Diese Antwort ist erstaunlich einfach, aber naheliegend und schlüssig: Der Geist des Menschen geht zu Gott zurück. *Denn der Staub muß wieder zu der Erde kommen, wie er gewesen ist, und der Geist wieder zu Gott, der ihn gegeben hat.* (Prediger 12,7). Dieselbe Aussage findet sich in Psalm 146,4: *Denn des Menschen Geist muß davon, und er muß wieder zu Erde werden; alsdann sind verloren alle seine Anschläge.*

Daraus ergibt sich ein einfaches Bild. Der Körper, geformt aus Staub, wird wieder zu Erde und der Geist, gegeben von Gott, geht wieder zurück zu Gott. Die Trennung von Körper und Geist beendet das Leben des Menschen, beide Bestandteile des Menschen gelangen wieder dorthin, woher sie gekommen sind.

Auf der perfekten Erde vor dem Sündenfall gab es keinen Tod, weder für Menschen noch für Tiere. Dem Menschen waren Früchte und den Tieren grünes Kraut zur Nahrung angewiesen. Es kam also nicht vor, weder bei Tieren noch bei Menschen, dass sich Geist und Körper trennen mussten. Die als Nahrung dienenden Pflanzen besitzen keinen Geist, Unfälle, „Unglücke" oder Auseinandersetzungen mit tödlichem Ausgang gab es nicht.

Ursprünglich war also von Gottes Seite die Verbindung von Geist und Körper untrennbar und dauerhaft angelegt. Adam, Eva und alle ihre Nachkommen sollten ewig leben, selbstverständlich in Abhängigkeit von Gott, letztere abgebildet durch den Baum des Lebens: *Und Gott der HERR ließ aufwachsen aus der Erde allerlei Bäume, lustig anzusehen und gut zu essen, und den Baum des Lebens mitten im Garten und den Baum der Erkenntnis des Guten und Bösen.* (1. Mose 2,9).

Erst mit der Sünde trat der Tod auf diese Erde. Geist und Körper, die eigentlich für immer untrennbar miteinander wirken sollten, konnten auf einmal getrennt werden. Sterben bedeutet, dass der Geist den Körper verlässt bzw. verlassen muss. Dabei ist der aus Materie bestehende Körper – wieder zu Erde werdend – in dem Sinne weniger bedeutsam, als er in unschöner Form für immer zerfällt, also nicht bestehen bleibt. Der Geist dagegen geht zurück zu Gott. Wie sich dies genau vollzieht, berichtet die Bibel nicht. Sicher ist jedoch, dass nichts aus dem Leben eines Gestorbenen der Vergessenheit anheimfällt.

So beschreibt Offenbarung 20,12 das Gericht über die Toten[9] auf der Basis von Aufzeichnungen: *Und ich sah die Toten, beide, groß und klein, stehen vor Gott, und Bücher wurden aufgetan. Und ein anderes Buch ward aufgetan, welches ist das Buch des Lebens. Und die Toten wurden gerichtet nach der Schrift in den Büchern, nach ihren Werken.* Es ist davon auszugehen, dass diese Bücher = Speicher alles aus dem gesamten Leben eines jeden Menschen korrekt und vollständig wiedergeben, wo notwendig auch über das Erinnerungsvermögen des Betroffenen hinaus.

Das Sterben des Menschen wird im Neuen Testament gleichfalls als Trennung von Körper und Geist dargestellt und der Weg des menschlichen Geistes zurück zu Gott bestätigt. Apostelgeschichte 7,58 berichtet über den ersten Märtyrer nach der Kreuzigung Jesu: *und steinigten Stephanus, der anrief und sprach: Herr Jesu, nimm meinen Geist auf!* In Lukas 23,46 bezieht sich Jesus selbst auf Psalm 31,6, als er als Mensch am Kreuz stirbt: ... *Vater, ich befehle meinen Geist in deine Hände!*

Was heißt es für den Geist des Menschen, zurück in die Hand Gottes zu gehen? Wäre es vorstellbar, dass er dort eigenständig existiert und in irgendeiner Form weiterlebt, unabhängig vom irdischen Körper? Die Antwort ist eindeutig Nein! Aus Hebräer 1,14 wissen wir zwar, dass Engel „dienstbare Geister" sind, deren Leben nicht wie bei

---

9 Zum Endgericht siehe Kapitel 7.

Menschen an einen materiellen Körper gebunden ist.[10] Demnach gibt es also die Möglichkeit, dass ein Geist auch ohne einen materiellen Körper leben kann – aber beim Menschen hat Gott dies nicht vorgesehen. Körper und Geist müssen zusammenwirken, sonst kann der Mensch nicht leben.

Gottes Konzept bei der Schöpfung war offenkundig, dass Geist und Körper von Adam, Eva und allen ihren Nachkommen für immer verbunden bleiben sollten. Der Mensch sollte ewig leben. Erst der Tod als Folge der Sünde führt dazu, dass sich Geist und Körper überhaupt trennen müssen. Wenn jedoch der Geist des Menschen ohne Körper trotzdem mit irgendeinem Bewusstsein „weiterleben" könnte, wäre der Tod lediglich das Ende des Körpers und insoweit keine umfassende Konsequenz der Sünde.[11]

---

10 In 1. Könige 22,21 wird ein/der (böse) Engel als Geist bezeichnet. Gleichwohl können (gute) Engel körperlich agieren, wenn dies nötig wird. In 1. Mose 19,12-23 wurden Lot, seine Frau und seine Töchter von Engeln handfest „ergriffen", damit sie Sodom endlich verließen.

11 Dass wir Menschen nach dem Sündenfall überhaupt noch leben, ist nichts anderes als die Gnade Gottes. Finden wir in unserer begrenzten Zeit nicht zu Gott bzw. lehnen eine Bekehrung ab, ist der zweite, dauerhafte Tod für uns unvermeidlich (Offenbarung 20,15).

Für eine aus dem Geist des Menschen wie auch immer gebildete „Seele", die nach dem Sterben bestehen bleibt, aus dem Körper entsteigt und im direkten Anschluss an das irdische Leben nach irgendeiner Auswahl entweder in das Paradies oder in die Hölle eingeht, gibt es keinen biblischen Beleg. Vor diesem Hintergrund sind auch Verse einzuordnen, die auf den ersten Blick etwas anderes aussagen. In 4. Mose 16,33 heißt es über die Unbekehrten in der Rotte Korahs: *und sie fuhren hinunter lebendig in die Hölle mit allem, was sie hatten, und die Erde deckte sie zu, und kamen um aus der Gemeinde.* Hanna, die Mutter Samuels, lobt Gott: *Der HERR tötet und macht lebendig, führt in die Hölle und wieder heraus.* (1. Samuel 2,6).

Im Grundtext steht das Wort *scheol*, welches 65mal im Alten Testament vorkommt. Es beschreibt den Ort, wo die Toten hingehen – das Grab. Auch wenn etwa Luther 1912 *scheol* häufig – jedoch nicht immer – als Hölle übersetzt, muss der Kontext beachtet werden. In Amos 9,2 kündigt Gott ein großes Strafgericht an: *Und wenn sie sich gleich in die Hölle (scheol) vergrüben, soll sie doch meine Hand von dort holen; und wenn sie gen Himmel führen, will ich sie doch herunterstoßen;* Beschrieben wird, dass man dem Gericht Gottes nicht einmal tot im Grab liegend entfliehen kann. Wäre mit *scheol* eine brennende Hölle gemeint, käme sie als Fluchtort vor einem Gericht nicht sinnvoll in Frage.

Jona betet im Bauch des Fisches (wahrscheinlich eher ein Wal): *Und sprach: Ich rief zu dem HERRN in meiner Angst, und er antwortete mir; ich schrie aus dem Bauche der Hölle (scheol), und du hörtest meine Stimme.* (Jona 2,3). Im Sturm, im Meer und im Bauch des Fisches war Jonas Leben in großer Gefahr, er war dem Tode im Sinn eines Liegens im Grabe nah, aber nicht der Hölle. Das Gebet, welches Jona spricht, bevor er wieder an Land gelangt, zeigt Jonas großes Vertrauen auf Gott. Jona nimmt jetzt, mehrfach in Todesnähe gebracht, seinen persönlichen Auftrag von Gott an, nach Ninive zu gehen. Der Erfolg seiner Predigt dort zeigt, warum Gott Jona auswählte.

Als Jakob um den totgeglaubten, weil nach Ägypten verschleppten Joseph trauert, sagt er in 1. Mose 37,35: ... *Ich werde mit Leid hinunterfahren in die <u>Grube</u> (scheol) zu meinem Sohn. Und sein Vater beweinte ihn.* Offensichtlich geht es hier nicht um eine brennende Hölle, denn Jakob und schon der junge Joseph waren tiefgläubige Menschen mit Erlösungsgewissheit.

Auch im oben angeführten 1. Samuel 2,6 zeigt das „wieder herausführen" seitens Gottes eindeutig auf das Grab und die Auferstehung des Menschen, nicht auf eine brennende Hölle ohne Aussicht auf ein Entkommen. Bei der Rotte Korahs wiederum steht die Verurteilung durch Gott im Vordergrund. Es ist kaum davon auszugehen, dass diese vom Erdboden verschluckten Menschen Erlösung empfangen werden – allerdings steht Menschen darüber niemals ein endgültiges Urteil zu. Etliche der Zugehörigen Korahs gelangen jedenfalls plötzlich und unvermutet (jedoch zuvor gewarnt) in ihr irdisches Grab und werden ihr Gericht empfangen.

Selbstverständlich gehen die Taten und das Wirken eines Menschen nicht verloren, wenn er stirbt. Alles, was geschehen ist, wird festgehalten, nicht weil Gott es nötig hätte, um sich zu erinnern, sondern weil er buchstäblich jedem seiner Geschöpfe zeigen möchte, dass er gerecht handelt und urteilt. So ist Maleachi 3,16 ein Trost für alle, die Verfolgung leiden: *Aber die Gottesfürchtigen trösten sich untereinander also: Der HERR merkt und hört es, und vor ihm ist ein Denkzettel geschrieben für die, so den HERRN fürchten und an seinen Namen gedenken.*

Auf den Tag des Gerichts, an dem alles offenbar wird, weist Jesus in Matthäus 12,36-37 hin: *Ich sage euch aber, daß die Menschen müssen Rechenschaft geben am Jüngsten Gericht von einem jeglichen unnützen Wort, das sie geredet haben. Aus deinen Worten wirst du gerechtfertigt werden, und aus deinen Worten wirst du verdammt werden.* Es sollte bei ehrlichem Nachdenken über sich selbst jedem Einzelnen klar werden, dass ohne Gnade, also ohne das Geschenk der Vergebung, das Jesus uns anbietet, kein Mensch in diesem Gericht bestehen kann.

Galater 2,16 betont dementsprechend die Bedeutung des Glaubens für die Erlösung: *doch weil wir wissen, daß der Mensch durch des Gesetzes Werke nicht gerecht wird, sondern durch den Glauben an Jesum*

Christum, so glauben wir auch an Christum Jesum, auf daß wir gerecht werden durch den Glauben an Christum und nicht durch des Gesetzes Werke; denn durch des Gesetzes Werke wird kein Fleisch gerecht. Der Mensch nach dem Sündenfall ist getrennt von Gott. Von sich aus ist er nicht mehr in der Lage, auch nur den Wortlaut der 10 Gebote als eine Zusammenfassung von Gottes Willen wenigstens äußerlich einzuhalten. Wenn er die Erlösung durch Jesus Christus nicht annimmt – und dies kann nur durch den Glauben in Form einer Neugeburt „von oben" unter Mitwirkung des Heiligen Geistes geschehen – kann er nicht errettet werden.

Daher sollte Psalm 69,29 als eine ernste Warnung verstanden sein, wenn David über seine Feinde schreibt: *Tilge sie aus dem Buch der Lebendigen, daß sie mit den Gerechten nicht angeschrieben werden.* Wer aus dem Buch der Lebendigen, in der Offenbarung auch als Buch des Lebens bezeichnet, getilgt wird, kann nicht an der Auferstehung der Erlösten teilhaben.

Deshalb sagt Jesus in Lukas 10,20 zu seinen Jüngern, die in seinem Namen große Werke tun: *Doch darin freuet euch nicht, daß euch die Geister untertan sind. Freuet euch aber, daß eure Namen im Himmel geschrieben sind.* Die Jünger haben zuvor von Jesus Gewalt über die Dämonen und bösen Engel erhalten, aber der eigentliche Grund zur Freude soll die Erlösung der Jünger und der anderen Menschen sein, die somit zu Christus geführt werden.

6. Die erste Auferstehung – die Auferstehung der Erlösten

Die Bibel gibt uns Hoffnung, weil wir im Glauben und mit Hilfe des Heiligen Geistes im Innern eine Umwandlung erfahren können, die nur deshalb möglich ist, weil Jesus mit seinem Tod wieder eine Verbindung zwischen Gott und Mensch hergestellt hat.

Die erste Auferstehung der Erlösten ist ein wunderbares Geschehen. Sie findet statt bei Jesu Wiederkunft, dem Tag des Herrn. Jesus kommt wieder zur Erde[12], jedoch nicht als Kind, sondern als König aller Könige. Einige wenige Menschen, in der Bibel als die 144.000 oder als „Übrige" bezeichnet, haben sein Kommen sehnsüchtig erwartet und in ihrem Geist das Geschenk eines neuen Lebens vollständig angenommen. Sie können Jesus in seiner Herrlichkeit anschauen und freuen sich über seine Wiederkunft. Für diese auch als „Erstlinge" oder „Erstgeborene" Bezeichnete gilt, dass sie nicht sterben müssen, sie werden schlagartig umgewandelt.

Alle anderen Menschen, die noch auf der Erde leben, sind für Jesus verloren, weil sie sich nicht retten lassen wollen. Bis zuletzt wenden sie sich mit

---

12 Bei seiner ersten Wiederkunft berührt Jesus die Erde nicht, siehe 1. Thessalonicher 4,17.

Worten und Taten gegen Gott. Sie bereuen ihren Zustand nicht einmal in den letzten Plagen: *Und der fünfte Engel goß aus seine Schale auf den Stuhl des Tiers; und sein Reich ward verfinstert, und sie zerbissen ihre Zungen vor Schmerzen und lästerten Gott im Himmel vor ihren Schmerzen und vor ihren Drüsen* (Geschwüre) *und taten nicht Buße für ihre Werke.* (Offenbarung 16,10-11).

Diese Menschen können den Anblick Jesu nicht ertragen und fliehen vor ihm, jedoch gibt es keinen Ort mehr, an den sie fliehen könnten. Deshalb sterben sie, ohne jede Hoffnung auf Erlösung, durch die offenbar werdende Wahrheit: *und alsdann wird der Boshafte offenbart werden, welchen der Herr umbringen wird mit dem Geist (pneuma) seines Mundes und wird durch die Erscheinung seiner Zukunft ihm ein Ende machen,* (2. Thessalonicher 2,8). Andere Übersetzungen sprechen hier vom „Hauch seines Mundes", aber es geht nicht um einen Todeshauch, sondern um die geistige Wahrheit, deren Wirkung auf sündige Menschen tödlich ist und die in der Offenbarung als „Schwert" bezeichnet wird.

Was ist mit den Menschen, die vor der Wiederkunft Jesu im Laufe der Jahrtausende gelebt haben und in der Hoffnung auf ihn gestorben sind? Die Bibel spricht von einer „unzählbaren Schar", die im Glauben an Jesus gestorben ist und zur Erlösung aufersteht: *Darnach sah ich, und siehe, eine große Schar, welche niemand zählen konnte, aus allen Heiden und Völkern und Sprachen, vor dem Stuhl stehend und vor*

dem Lamm, angetan mit weißen Kleidern und Palmen in
ihren Händen, schrieen mit großer Stimme und sprachen:
Heil sei dem, der auf dem Stuhl sitzt, unserm Gott, und
dem Lamm! (Offenbarung 7,9-10).

Diese erste Auferstehung ist die Auferstehung
der Erlösten, die – bis auf ganz wenige Ausnahmen[13] – gleichzeitig für alle gestorbenen Erlösten
stattfindet. Paulus gibt uns im 1. Korinther 15,42-45
einen Blick auf dieses Geschehen: *Also auch die*
Auferstehung der Toten. Es wird gesät verweslich, und
wird auferstehen unverweslich. Es wird gesät in Unehre,
und wird auferstehen in Herrlichkeit. Es wird gesät in
Schwachheit, und wird auferstehen in Kraft. Es wird
gesät ein natürlicher Leib, und wird auferstehen ein
geistlicher Leib. Ist ein natürlicher Leib, so ist auch ein
geistiger Leib. Wie es geschrieben steht: Der erste
Mensch, Adam, „ward zu einer lebendigen Seele", und
der letzte Adam zum Geist, der da lebendig macht.

Damit die Gläubigen leben können, erweckt und
erneuert Jesus sowohl ihren Geist als auch ihren
Körper: *Denn das ist der Wille des, der mich gesandt*

---

13 Mose erscheint als Auferstandener auf dem
  Berg der Verklärung (Matthäus 17,1-13). Dort
  steht er für alle Menschen, die auferstehen
  werden, während Elia (der lebend zum Himmel
  aufgefahren ist) für die Menschen steht, die
  nicht sterben müssen. Zudem geschieht die
  Auferstehung einiger Heiliger zusammen mit
  Jesu Auferstehung (Matthäus 27,52-53).

hat, daß, wer den Sohn sieht und glaubt an ihn, habe das ewige Leben; und ich werde ihn auferwecken am Jüngsten Tage. (Johannes 6,40). Die Auferstehung ist der Abschluss der Wandlung und der Neugeburt des Menschen[14], die im Glauben, also im Geist, schon in seinem irdischen Leben beginnt und von der Jesus in Johannes 3,5 zu Nikodemus spricht:... *Wahrlich, wahrlich ich sage dir: Es sei denn, daß jemand geboren werde aus Wasser und Geist, so kann er nicht in das Reich Gottes kommen.*

Römer 8,10-11 macht deutlich, dass die geistige Veränderung, die wir uns von Gott schenken lassen müssen, der Schlüssel zum ewigen Leben ist: *So aber Christus in euch ist, so ist der Leib zwar tot um der Sünde willen, der Geist aber ist Leben um der Gerechtigkeit willen. So nun der Geist des, der Jesum von den Toten auferweckt hat, in euch wohnt, so wird auch derselbe, der Christum von den Toten auferweckt hat, eure sterblichen Leiber lebendig machen, um deswillen, daß sein Geist in euch wohnt.*

Weil ihre Körper nach ihrem Tod zu Erde zerfallen sind, erschafft und schenkt Jesus den Erlösten einen neuen Körper. Dieser Körper ist ebenso wie der Geist der Auferstandenen nicht mehr von der Sünde beeinflusst und damit unserem heutigen Körper in seinen Eigenschaften weit überlegen. Die

---

14 Die Auferstandenen behalten Erinnerungen an ihr irdisches Leben und dürfen Gott ihre Fragen vorlegen.

Erneuerung des ganzen Menschen wird in der Realität der Auferstehung abgeschlossen: *Darum, ist jemand in Christo, so ist er eine neue Kreatur, das Alte ist vergangen, siehe, es ist alles neu geworden.* (2. Korinther 5,17).

In Johannes 11,25-26 spricht Jesus: ... *Ich bin die Auferstehung und das Leben. Wer an mich glaubet, der wird leben, ob er gleich stürbe; und wer da lebet und glaubet an mich, der wird nimmermehr sterben.* ... Diese herrliche Verheißung bedeutet eben nicht, dass alle gläubigen Menschen vom (ersten) Tod verschont bleiben, sondern Jesus verspricht eine Auferstehung zum ewigen Leben für alle, die an ihn glauben. Der Glaube, die Gedanken und Erfahrungen im irdischen Leben eines Menschen spielen eine zentrale Rolle, sie werden vor oder während der Auferstehung also nicht einfach „ausgelöscht".

Der Geist der Gestorbenen ist beim Tod zurück zu Gott gegangen. Auf welche Weise der Geist/Odem/Lebenshauch des Menschen in der Zeit zwischen seinem Tod und der Auferstehung bei Gott behalten und bewahrt wird, berichtet die Bibel nicht. Sicher ist, dass die Erlösten vom Irrtum des Sündenfalls – der Idee, wie Gott sein zu können – zum Zeitpunkt ihrer Auferstehung völlig frei geworden sein müssen.

Hebräer 12,22-24 zählt auf, worauf Gläubige ihre Hoffnung richten sollen: *Sondern ihr seid gekommen zu dem Berge Zion und zu der Stadt des lebendigen Gottes, dem himmlischen Jerusalem, und zu der Menge vieler tausend Engel und zu der Gemeinde der Erstgeborenen, die im Himmel angeschrieben sind, und zu Gott, dem Richter über alle, und zu den Geistern der vollendeten Gerechten und zu dem Mittler des neuen Testaments, Jesus, und zu dem Blut der Besprengung, das da besser redet denn das Abels.* Mit den Erstgeborenen sind wiederum die 144.000 bei Jesu Wiederkunft ihn sehnsüchtig erwartende lebende Menschen angesprochen. Gott selbst, Jesus sowie die Engel werden gesondert erwähnt.

Wer sind nun die „Geister der vollendeten Gerechten"? Wir dürfen davon ausgehen, dass diese Gerechten sich nicht selbst vollendet haben, ihre Vollendung also ein Erlösungsgeschehen ist. Demnach kann es sich nur um diejenigen Menschen handeln, die vor der Wiederkunft Jesu sterben, jedoch in ihrem Leben die Erlösung durch Jesus Christus angenommen haben. Mit ihrer Erlösung ist notwendigerweise verbunden, dass sie im Geist „vollendet", also vollkommen von der Sünde bzw. der sündigen Natur aus dem alten Leben Adams gereinigt wurden oder noch werden – denn nur so, frei von der Sünde, können sie in das himmlische Jerusalem gelangen: *Und es wird nicht hineingehen irgend ein Gemeines und das da Greuel tut und Lüge, sondern die geschrieben sind in dem Lebensbuch des Lammes.* (Offenbarung 21,27).

Wenn die Erlösten – gläubige und auf Jesus hoffende Menschen – im irdischen Leben noch nicht vollendet, d. h. nicht gänzlich frei vom Irrtum der

Sünde geworden sind, lässt Gottes Gnade das an ihrer Vollendung noch Fehlende danach geschehen.

Wir müssen, um erlöst zu werden, nicht alle Abläufe bei der Auferstehung verstehen. Aber wir dürfen wissen, dass der letzte Adam, nämlich der auferstandene Jesus, uns ein ewiges neues Leben anbietet, wenn wir ihn heute als Heiland annehmen. Dabei ist es sein Geist, der lebendig macht – dasselbe Prinzip, wie es schon im Schöpfungsbericht geschrieben steht.

In der Bibel wird die Auferstehung zur Erlösung als gleichzeitiges Geschehen neben die plötzliche Verwandlung der noch lebenden Geretteten gestellt: *Siehe, ich sage euch ein Geheimnis: Wir werden nicht alle entschlafen, wir werden aber alle verwandelt werden; und dasselbe plötzlich, in einem Augenblick, zur Zeit der letzten Posaune. Denn es wird die Posaune schallen, und die Toten werden auferstehen unverweslich, und wir werden verwandelt werden.* (1. Korinther 15,51-52).

Die Zeit der letzten Posaune ist der Moment unmittelbar vor dem Ende dieser Welt, am Tage des Herrn, der (ersten) Wiederkunft Jesu Christi. Matthäus 24,31: *Und er wird senden seine Engel mit hellen Posaunen, und sie werden sammeln seine Auserwählten von den vier Winden, von einem Ende des Himmels zu dem andern.* Alle Erlösten, zum einen die noch auf der Erde Lebenden (die 144.000) und zum anderen die schon Gestorbenen (die unzählbare

Schar) erfahren gleichzeitig eine Verwandlung bzw. Auferstehung in ein neues Leben.

Dem Wortlaut im Korintherbrief nach scheint es so zu sein, als ob Paulus es für gut möglich hält, diesen Tag noch selbst zu erleben, so auch eine ähnliche Stelle im 1. Thessalonicher 4,17. Dies ist allerdings kaum vorstellbar. Paulus war bereits vor seiner Bekehrung durch Jesus selbst ein umfassend ausgebildeter Schriftgelehrter, er kannte die bis dahin vorliegenden Bücher einschließlich Daniel und auch das dort aufgezeichnete Gesicht der 2.300 prophetischen Abende und Morgen, also 2.300 Jahre. Zudem hatte er Jahre in der Wüste verbracht (Galater 1,16-18), in denen Jesus ihm den Heilsplan erklärt hat.

Paulus wusste unzweifelhaft, dass Jesus erst wiederkommen wird, wenn es keine „noch errettbaren" Menschen mehr gibt, also sich alle lebenden Menschen endgültig für oder gegen Jesus entschieden haben. Auf seinen Reisen hatte Paulus wie niemand vor ihm die Botschaft des Evangeliums an die Heiden (Nichtjuden) verbreitet, aber ihm war zweifellos bewusst, dass es noch sehr viele Länder gab, in denen das Evangelium verkündet werden musste, weshalb er persönlich bis nach Spanien reisen wollte.

Warum dann die Aussage, dass *„nicht alle entschlafen"*? Das erschließt sich nur, wenn wir die Bibel als Gottes Wort gerade auch für die Menschen der Endzeit anerkennen, als die Zeit, die der

Wiederkunft Jesu unmittelbar vorangeht. Für diese Menschen gilt buchstäblich, dass nicht alle entschlafen, aber alle verwandelt werden. Paulus wusste, dass seine Schriften ihre eigentliche Wirkung erst nach seinem Tod entfalten und den Gläubigen über tausende Jahre hinweg Unterweisung, Trost und Zuversicht geben würden.

In welchem Zustand befinden sich die Gestorbenen in der Zwischenzeit, von ihrem Tod an bis hin zur Auferstehung? Diese Zeit lässt sich wohl am besten als eine Art traumloser Schlaf beschreiben: *Denn die Lebendigen wissen, daß sie sterben werden; die Toten aber wissen nichts, sie haben auch keinen Lohn mehr – denn ihr Gedächtnis ist vergessen, daß man sie nicht mehr liebt noch haßt noch neidet – und haben kein Teil mehr auf der Welt an allem, was unter der Sonne geschieht.* (Prediger 9,5-6). Während dieser Zeit gibt es also nichts, was die Verstorbenen wahrnehmen oder gar tun können, sie ruhen. Das gilt – bis zur Wiederkunft Jesu – im Übrigen gleichermaßen für alle Toten, also sowohl für Erlöste als auch für Verworfene.

Es gibt zwei Stellen im 1. Petrusbrief, die für eine andere Auffassung herangeführt werden. Im 1. Petrus 3,18-20 geht es um die Errettung durch Jesus Christus: *Sintemal auch Christus einmal für unsre Sünden gelitten hat, der Gerechte für die Ungerechten, auf daß er uns zu Gott führte, und ist getötet nach dem Fleisch, aber lebendig gemacht nach dem Geist. In demselben ist er auch hingegangen und hat gepredigt den Geistern im Gefängnis, die vorzeiten nicht glaubten, da Gott harrte und Geduld hatte zu den Zeiten Noahs, da man die Arche zurüstete, in welcher wenige, das ist acht Seelen, gerettet wurden durchs Wasser;*

Aus diesem Text wird mitunter fälschlicherweise abgeleitet, dass Jesus zwischen Karfreitag und seiner Auferstehung am Ostersonntag den Toten der Vorzeit Predigten hielt. Herangeführt wird dazu noch 1. Petrus 4,6: *Denn dazu ist auch den Toten das Evangelium verkündigt, auf daß sie gerichtet werden nach dem Menschen am Fleisch, aber im Geist Gott leben.* Ist es vorstellbar, dass den Toten gepredigt wird und sie sich dann noch bewusst für oder gegen ihre Nachfolge Jesu entscheiden können? Sicher nicht, viele Stellen in der Bibel schließen dies aus und die Bibel widerspricht sich nicht.

Hebräer 9,27-28 lässt keinen Spielraum für eine Bekehrung, die erst nach dem Tod beginnt: *Und wie den Menschen gesetzt ist, einmal zu sterben, darnach aber das Gericht: also ist Christus einmal geopfert, wegzunehmen vieler Sünden; zum andernmal wird er ohne Sünde erscheinen denen, die auf ihn warten, zur Seligkeit.* Konsequenterweise fordert deshalb die Bibel den Menschen auf, sein Leben zu benutzen und nicht zu vergeuden, so Prediger 9,10: *Alles, was dir vor Handen kommt zu tun, das tue frisch; denn bei den Toten, dahin du fährst, ist weder Werk, Kunst, Vernunft noch Weisheit.*

Mitunter wird sogar behauptet, dass die „Geister im Gefängnis" gefallene Engel seien, denen Jesus die Erlösungsbotschaft gepredigt habe. Dem widerspricht aber 2. Petrus 2,4: *Denn Gott hat die Engel, die gesündigt haben, nicht verschont, sondern hat sie mit Ketten der Finsternis zur Hölle verstoßen und übergeben, daß sie zum Gericht behalten werden;* Aus diesem Text ebenso wie aus Judas 6 geht gerade nicht hervor, dass es für diese Engel irgendeine Möglichkeit zur Umkehr gibt. Damit stellt sich die Frage nach dem Ziel einer Predigt. Ohnehin kennen bzw. kannten die Engel die himmlischen Welten und Gott selbst auf ganz andere Weise als die Menschen, ihre Entscheidungen wiegen insoweit noch schwerer.

Die Geister im Gefängnis sind deshalb die in der Sünde verfangenen Menschen, die in ihrem Geist, in ihrer innersten Identität, ihre Abhängigkeit von Gott bestreiten und in der Schlussfolgerung selbst wie Gott sein wollen, auch wenn sie dies bewusst meistens gar nicht aussprechen. Dieser Grundirrtum, das aussichtslose Verlangen nach etwas Unerreichbarem, nimmt den Geist des Menschen gefangen und nur durch den Glauben an Jesus Christus ist eine Befreiung möglich. Dieses Angebot gilt und galt allen Menschen von Adam und Eva an, aber viele haben es verworfen: *und hat nicht verschont die vorige Welt, sondern bewahrte Noah, den Prediger der Gerechtigkeit, selbacht und führte die Sintflut über die Welt der Gottlosen;* (2. Petrus 2,5).

Noah predigte zu seiner Zeit mit Werk und Leben eine Umkehr zu Gott und baute an der Arche über Jahrzehnte, aber am Ende stiegen dennoch nur er und seine Familie[15] in diese ein.

Die Stellen in den Petrusbriefen beschreiben die Erlösung als Angebot Gottes an alle Menschen, also ausdrücklich auch schon an diejenigen, die bereits in der Zeit vor der Sintflut gelebt haben. Noah und viele andere Botschafter und Propheten Gottes haben im Laufe der Jahrtausende im Geist Jesu gepredigt, also im Geist dessen, der lebendig macht.

Folglich können nicht nur die Menschen zur Zeit Jesu und die danach Geborenen die Erlösung erlangen. Der Weg der Erlösung und die Hoffnung einer Auferstehung stand grundsätzlich allen jemals lebenden Menschen offen. Dazu ist es nötig, im Geist Gottes zu leben. Das bedeutet, im Glauben das neue Leben Jesu Christi im Geist (= neues Leben) anzunehmen. Allein dieser Glaube erschließt dem Menschen die Vergebung seiner Sünden im Fleisch (= altes Leben). Petrus verdeutlicht, dass Gottes Botschaft in Gestalt des von Jesus Christus erbrachten Opfers an alle Menschen dieser Erde gerichtet war und weiter bis zu seiner Wiederkunft an alle Menschen gerichtet bleibt, wobei das Urteil über das vergangene Leben eines Menschen immer nur Gott zusteht.

---

15 Möglicherweise bekehrten sich etliche andere Menschen, die jedoch vor der Sintflut starben.

7. Die zweite Auferstehung zum Endgericht

Bisher haben wir die Auferstehung und Umwandlung der Erlösten betrachtet. Bleiben die nicht erlösten Menschen für immer tot und unwissend über ihr Verlorensein? Nein, Gott möchte für alle seine Geschöpfe klarstellen, dass er gerecht urteilt und handelt. Die Offenbarung des Johannes (des Evangelisten) – richtiger die Offenbarung Jesu Christi – beschreibt eine weitere, also die zweite Auferstehung. Diese betrifft die Verworfenen und vollzieht sich zeitlich und in ihren Umständen völlig anders als die Auferstehung der Erlösten. Die zweite Auferstehung führt zum Endgericht und zur Vollstreckung.

Die Bibel zeigt uns den Weg auf, im Glauben an Jesus Erlösung zu erlangen. Offenbarung 20,15 sagt aber sehr deutlich, was geschieht, wenn man Jesus nicht annimmt: *Und so jemand nicht ward gefunden geschrieben in dem Buch des Lebens, der ward geworfen in den feurigen Pfuhl.* Den Verlorenen drohen keine zeitlich unbegrenzten Qualen, sondern es wird ihnen ein ewig bleibender Zustand angekündigt, der zweite Tod, die Nichtexistenz. Betroffen sind alle diejenigen, die nicht an der ersten Auferstehung teilhaben. Wichtig ist zu betonen, dass es hier nicht um körperlose „Seelen" geht, sondern um Menschen, die Gott zuvor mit Körper und Geist wieder ins Leben gerufen hat, wenn auch sicherlich nicht in der Herrlichkeit und Reinheit der Erlösten.

Die Offenbarung gibt im Kapitel 20 eine zeitliche Einordnung des Ablaufes nach der ersten Auferstehung: *Die andern Toten aber wurden nicht wieder lebendig, bis daß tausend Jahre vollendet wurden. Dies ist die erste Auferstehung. Selig ist der und heilig, der teilhat an der ersten Auferstehung. Über solche hat der andere Tod keine Macht; sondern sie werden Priester Gottes und Christi sein und mit ihm regieren tausend Jahre.* (Offenbarung 20,5-6).

Zwischen der ersten und der zweiten Auferstehung liegen demnach tausend Jahre, das Millennium. In dieser Zeit lässt Gott den Erlösten bis in das letzte Detail darlegen, warum diejenigen, die zu diesem Zeitpunkt nicht auferstanden sind, nicht erlöst werden konnten. Erst wenn die Fragen der Erlösten geklärt sind, kommt es zur Auferstehung zum Gericht. Diese zweite Auferstehung betrifft alle Menschen, die jemals auf dieser Erde gelebt haben, aber sich von Gott nicht finden ließen, von der Zeit noch vor der Sintflut bis hin zu den Menschen, die erst bei der Wiederkunft Jesu durch den Anblick seiner Herrlichkeit und der Offenbarung seiner Wahrheit sterben.

Satan ist während des Millenniums an die wüste Erde gebunden. Die Erde ist weitgehend zerstört, es leben in dieser Zeit keine Menschen auf ihr. Denn die Erlösten sind bei Gott im himmlischen Jerusalem, die Verlorenen sind tot und bleiben in den tausend Jahren weiterhin im Grab. Aber nach Ablauf des Millenniums wird Satan die Möglichkeit gegeben, nochmals auf die Menschen einzuwirken: *Und wenn tausend Jahre vollendet sind, wird der Satanas los werden aus seinem Gefängnis und wird ausgehen, zu verführen die Heiden an den vier Enden der Erde, den Gog und Magog, sie zu versammeln zum Streit, welcher Zahl ist wie der Sand am Meer.* (Offenbarung 20,7-8). Ähnlich wie die Erlösten werden also auch die Verworfenen gesammelt, aber ihr Zustand ist ein gänzlich anderer. Da gibt es keine Umwandlung zur Unsterblichkeit und auch keine Freude auf das Zusammensein mit Jesus, seinen Engeln und den anderen Erlösten.

Satan gelingt es dennoch, die Verlorenen zu sammeln und auf ein Ziel zu vereinen, nämlich den Kampf gegen Gott: *Und sie zogen herauf auf die Breite der Erde und umringten das Heerlager der Heiligen und die geliebte Stadt. Und es fiel Feuer von Gott aus dem Himmel und verzehrte sie.* (Offenbarung 20,9).

Obwohl es aussichtslos ist, sammelt sich die gewaltige Zahl der Verworfenen zum Kampf gegen die „geliebte Stadt". Diese Stadt ist das nach den tausend Jahren aus den Himmeln auf die Erde herabgekommene himmlische Jerusalem, gemäß Offenbarung 21,3 *„die Hütte Gottes bei den Menschen"*. Dort, bildlich gesprochen auf der Mauer Jerusalems, stehen die Erlösten. Sie haben in den letzten tausend Jahren prüfen, sehen und nachvollziehen dürfen, dass Gott gerecht handelt. Unten, um Jerusalem herum, befinden sich die Verlorenen, darunter zweifellos auch enge Angehörige, gute Freunde, Bekannte der Erlösten. Alle Menschen, die jemals auf dieser Erde gelebt haben, kommen an diesem einen Moment der Geschichte zusammen, dieser Zeitpunkt ist das eigentliche „Jüngste Gericht", dessen Urteil über jeden Einzelnen aber bereits zuvor gesprochen wurde. Es ist kein Moment der Freude, sondern die Kulmination der Weltgeschichte mit allen ihren schrecklichen Ereignissen.

Was ist der eigentliche Endpunkt der Geschichte dieser Erde, die in die Sünde gefallen ist? Es ist das Anerkenntnis der Herrschaft Jesu und der Gerechtigkeit Gottes durch alle seine Geschöpfe, seien sie erlöst oder verloren, seien es Menschen oder Engel. Gott sagt in Jesaja 45,22-24: *Wendet euch zu mir, so werdet ihr selig, aller Welt Enden; denn ich bin Gott, und keiner mehr. Ich schwöre bei mir selbst, und ein Wort der Gerechtigkeit geht aus meinem Munde, dabei soll es bleiben: Mir sollen sich alle Knie beugen und alle Zungen schwören und sagen: Im HERRN habe ich Gerechtigkeit und Stärke. ...* In Philipper 2,10-11 wird dies bezogen auf Jesus bestätigt: *daß in dem Namen Jesu sich beugen sollen aller derer Knie, die im Himmel und auf Erden und unter der Erde sind, und alle Zungen bekennen sollen, daß Jesus Christus der Herr sei, zur Ehre Gottes, des Vaters.*

Gott möchte, dass nach dem Gericht über Satan, die gefallenen Engel und die verlorenen Menschen eine völlige Klarheit herrscht: Die Beziehung und damit die Abhängigkeit der Geschöpfe von ihrem Schöpfer ist gut, gerecht und alternativlos. Wir haben schon betrachtet, dass jedes Leben von Gott abhängt, der alles Leben geschaffen hat und der es weiter erhält. Und Gott wird es deshalb so geschehen lassen, dass auch die Verlorenen – also diejenigen, die erst in der zweiten Auferstehung wieder zum Leben erweckt worden sind, bevor sie dann den zweiten Tod endgültig sterben – ihre Knie vor ihm beugen und seine Gerechtigkeit anerkennen.

Satan und die Dämonen waren vor ihrem Fall in die Sünde herrliche Engel, die Gott geschaffen hatte und die bei ihm im Himmel waren. Auch sie sind also Geschöpfe. Selbst sie werden deshalb am Ende Gottes Gerechtigkeit anerkennen müssen. Ihre Strafe wird ohne Zweifel furchtbar sein: *Und der Teufel, der sie verführte, ward geworfen in den feurigen Pfuhl und Schwefel, da auch das Tier und der falsche Prophet war; und sie werden gequält werden Tag und Nacht von Ewigkeit zu Ewigkeit.* (Offenbarung 20,10).

„Von Ewigkeit zu Ewigkeit" bedeutet eine lange Zeitspanne[16], es bedeutet aber in diesem Kontext nicht buchstäblich „unendlich". Der Feuersee brennt nicht ewig. Warum dann diese

---

16 Das griechische Wort *aeon* ist nicht mit der absoluten „Ewigkeit" unseres Sprachverständnisses gleichzusetzen.

Formulierung? Es gibt mehrere andere Stellen in der Bibel, in denen „ewig" offensichtlich nicht „unendlich" beschreibt, so etwa Judas 7 in Bezug auf das Feuer, welches auf Sodom und Gomorrha gefallen ist – es brannte zur Zeit des Judasbriefes schon lange nicht mehr, jedoch sind diese Städte durch das Feuer vom Himmel für immer und damit auf ewige Dauer ausgelöscht worden. Jeremia 17,27 warnt vor einem unauslöschlichen Feuer, welches die Häuser Jerusalems verzehrt, wenn sich das Volk vom Sabbatgebot und damit von Gott abwendet. Dieses Strafgericht trat unausweichlich ein, eben weil das Volk abfiel, Jerusalem wurde erobert und verbrannt, aber – viele Jahre später – dennoch von Zurückgekehrten mühevoll wieder aufgebaut.

Als der spätere Prophet Samuel geboren wurde und dem Tempel versprochen wird, formuliert es seine Mutter Hanna in 1. Samuel, 1,22 so: ... *Bis der Knabe entwöhnt werde, so will ich ihn bringen, daß er vor dem HERRN erscheine und bleibe daselbst ewiglich.* Samuel wich in seinem Leben nicht von Gott, insoweit trat diese Aussage voll und ganz ein. Aber Samuel blieb keineswegs für immer am Ort der Stiftshütte, sondern zog in seinem Amt als Richter durch ganz Israel. Es steht also in allen diesen Texten die Unumstößlichkeit eines Ereignisses im Mittelpunkt der Aussage und die Dauerhaftigkeit der daraus erwachsenden Folgen, aber nicht der Vorgang selbst.

Alles Böse einschließlich seiner Folgen wird in den feurigen Pfuhl geworfen und am Ende auf Dauer ausgelöscht werden: *Und der Tod und die Hölle (hades) wurden geworfen in den feurigen Pfuhl. Das ist der andere Tod.* (Offenbarung 20,14).

Ein niemals endender Höllenbrand stünde im Widerspruch zur Gerechtigkeit Gottes, die alle Geschöpfe letztlich aus Überzeugung im Endgericht akzeptieren werden. Deshalb setzt Gott nach dem Endgericht und der endgültigen Vernichtung der Sünde und dem Tod als deren Folge in seiner Eigenschaft als Schöpfer einen Neuanfang. So betont schon Jesaja 65,17-18 die Neuschöpfung der Erde nach dem Endgericht: *Denn siehe, ich will einen neuen Himmel und eine neue Erde schaffen, daß man der vorigen nicht mehr gedenken wird noch sie zu Herzen nehmen; sondern sie werden sich ewiglich freuen und fröhlich sein über dem, was ich schaffe. ...* Ein Feuer, das endlos brennt und straft, passt mit dieser Perspektive auf eine vollkommen schöne neue Erde nicht zusammen. Der nie endende Anblick des Feuers und der darin Gestraften würde die Gedanken immer wieder zurück auf das Geschehen auf der früheren Erde lenken. Das entspricht aber nicht dem Willen Gottes.

Die unbändige Freude der Erlösten und die restlose Auslöschung der Gottlosen als Ausdruck von Gottes Gerechtigkeit wird in Maleachi 3,19-20 vorausgesagt: *Denn siehe, es kommt ein Tag, der brennen soll wie ein Ofen; da werden alle Verächter und*

Gottlosen Stroh sein, und der künftige Tag wird sie anzünden, spricht der HERR Zebaoth, und wird ihnen weder Wurzel noch Zweige lassen. Euch aber, die ihr meinen Namen fürchtet, soll aufgehen die Sonne der Gerechtigkeit und Heil unter ihren Flügeln; und ihr sollt aus und ein gehen und hüpfen wie die Mastkälber. Dabei bedeutet „weder Wurzel noch Zweige lassen" eine vollständige und für immer geltende Vernichtung. Es soll ab einem bestimmten Zeitpunkt absolut nichts mehr an die Sünde erinnern, mit Ausnahme der Male an Jesu Händen und Füßen.[17]

Die Neuschöpfung der Erde nach dem Endgericht wird ebenso in 2. Petrus 3,13 angekündigt: *Wir warten aber eines neuen Himmels und einer neuen Erde nach seiner Verheißung, in welchen Gerechtigkeit wohnt.* Diese Perspektive wird in Offenbarung 21,1 in aller Deutlichkeit ausgeführt: *Und ich sah einen neuen Himmel und eine neue Erde; denn der erste Himmel und die erste Erde verging, und das Meer ist nicht mehr.*

Dabei sind jedoch nicht die Perfektion der Neuschöpfung und die Schönheit der Erde oder die Pracht der Stadt Jerusalem das wirklich Besondere, sondern das Wunderbarste ist die Nähe Gottes zu

---

17 In Johannes 20,27-29 bietet der auferstandene Jesus dem Jünger Thomas an, seine Hände und seine Seite zu berühren. Thomas bekennt seinen Glauben an Jesus Christus als Herr und Gott, er geht später als Missionar bis Indien.

den Menschen. Sie sind durch den Glauben an Jesus und die Annahme des von ihm angebotenen neuen Lebens als Erlöste Gottes Kinder: ... *Siehe da, die Hütte Gottes bei den Menschen! und er wird bei ihnen wohnen, und sie werden sein Volk sein, und er selbst, Gott mit ihnen, wird ihr Gott sein; und Gott wird abwischen alle Tränen von ihren Augen, und der Tod wird nicht mehr sein, noch Leid noch Geschrei noch Schmerz wird mehr sein; denn das Erste ist vergangen.* (Offenbarung 21,3-4).

Die Offenbarung legt das Ziel der Weltgeschichte offen. Jesus kommt wieder, nachdem sich das Böse vollständig offenbart hat. Er beendet das Treiben der Sünde auf dieser Erde und nimmt alle Erlösten – die noch Lebenden umgewandelt und die schon Gestorbenen auferstanden – mit in den Himmel. Dies ist die erste Auferstehung. Innerhalb von tausend Jahren wird Menschen und Engeln gezeigt, warum die Verlorenen nicht erlöst werden konnten. Die Erde ist in dieser Zeit wüst und menschenleer.

Erst dann, nach den tausend Jahren, werden in der zweiten Auferstehung auch die Verlorenen auferweckt, die angeführt von Satan immer noch gegen Gott kämpfen wollen. Ihre Auflehnung gegen Gott ist aussichtslos. Verlorene Menschen und gefallene Engel empfangen ihre Urteile und alle müssen am Ende die Gerechtigkeit Gottes und die Herrschaft Jesu über alle Geschöpfe als richtig und ohne Alternative uneingeschränkt anerkennen. Auch die

Erlösten beugen ihre Kniee – sie tun es freudig, denn ihnen wurde im Detail dargelegt, dass Gott für jeden einzelnen Menschen alles ihm Machbare getan hat. Die Verlorenen sterben für immer im Feuersee – wie lange ihr Sterben dauert, liegt in Gottes Hand.

Die Folgen des Gerichts sind von ewiger Dauer. Sünde und Tod sind ausgelöscht. Die Erlösten wohnen auf einer wunderbaren neuen Erde zusammen mit Gott und haben das große Vorrecht, sich seine Kinder, also Gottes geliebte Kinder, nennen zu dürfen.[18] Dieses unbeschreiblich große Geschenk Jesu kann jeder Mensch schon heute im Glauben annehmen: *Derselbe Geist* (Gottes) *gibt Zeugnis unserm Geist, daß wir Gottes Kinder sind.* (Römer 8,16).

---

18 Johannes 1,12-13: *Wie viele ihn aber aufnahmen, denen gab er Macht, Gottes Kinder zu werden, die an seinen Namen glauben; welche nicht von dem Geblüt noch von dem Willen des Fleisches noch von dem Willen eines Mannes, sondern von Gott geboren sind.*

MIX

Papier | Fördert
gute Waldnutzung

FSC® C083411

Zeitfracht Medien GmbH
Ferdinand-Jühlke-Straße 7
99095 Erfurt, Deutschland
produktsicherheit@kolibri360.de